La Defensa De Occidente

La Caída de Constantinopla (1453)
y
el Gran Asedio de Malta (1565)

Juan María Pérez Pérez
Dr. Jesús Lorente Liarte

Colección Defensas Desesperadas

Vol. VI

Título: *La Defensa de Occidente. La Caída de Constantinopla y el Gran Asedio de Malta*
Autores: Juan María Pérez Pérez & Jesús Lorente Liarte
Correcciones: José Miguel Acosta
Maquetación: José Miguel Acosta
Diseño: Dearce Imagen

1ª Edición, Septiembre 2025

Editorial EAS
www.editorialeas.com
info@editorialeas.com

I.S.B.N.: 978-84-19359-64-3
Depósito Legal: Z-2063-2024

Impreso en Europa por los talleres gráficos de Publicep

Portada: *Entrada de Roger de Flor en Constantinopla.* José Moreno Carbonero.
© Palacio del Senado de Madrid
Contraportada: *Entrada de Mehemet II en Constantinopla*. Benjamín Constant.
© Museé des Agustins, París.

Colabora:
Asociación Cultural Ediciones Hoplon
CIF: G-99403719
http//edicioneshoplon.blogspot.com
edicioneshoplon@gmail.com

'La vida de los muertos está en la memoria de los vivos.
Una muerte honrosa puede glorificar aun una vida innoble'.

Marco Tulio Cicerón.

A mi Maestro y Juez del Tribunal de mi Tesis Doctoral
Dr. Guillermo Redondo Veintemillas, que falleció el 25 de
julio del 2015 dejando un hueco en las filas de la historiografía
que no podrá ser cubierto.

La Defensa De Occidente

La Caída de Constantinopla (1453)
y
el Gran Asedio de Malta (1565)

Juan María Pérez Pérez
Dr. Jesús Lorente Liarte

ÍNDICE

INTRODUCCIÓN Y EXPOSICIÓN DE MOTIVOS

El levante Mediterráneo durante la Edad Moderna fue la frontera entre dos cosmovisiones antagónicas correspondientes al Cristiano Occidente y al Oriente Musulmán. El enfrentamiento de civilizaciones, especialmente protagonizado por la Monarquía Hispánica y el Imperio Otomano fue planteado en una interminable guerra naval y de corso en el *'Mare Nostrum'*, terrestre en los Balcanes y el norte de África y diplomática en las cortes de Madrid y *la 'Divina Puerta'*.

Tras el nacimiento del islam y su manifiesta vocación expansionista, el *'Gran Cisma'* entre las Iglesias Católica de Roma y Ortodoxa de Constantinopla, las Cruzadas, la desaparición del Imperio Bizantino, la Conquista de Granada y el advenimiento de la Dinastía Habsburgo la situación fue abiertamente irreconciliable.

Por ello, y por exigencias doctrinales historiográficas, comenzamos con un relato de la caída de Constantinopla a manos de las mesnadas de Mehmed II Osmanlí en el año 1453. Este acontecimiento ha venido a ser considerado como el punto de inflexión que determinó el paso de la Edad Media a la Edad Moderna. Asimismo, es un ejemplo de resistencia armada extrema apoyada por la población civil frente a un invasor extranjero. Este episodio de incontestable victoria otomana viene acompañado de un relato referido a la heroica defensa de la isla de Malta de 1565.

Grandes derrotas y victorias de ambos contendientes que se ven adornadas por un esfuerzo titánico, casi homérico, en el que la naturaleza humana alcanzó puntos cenitales de sus más contradictorios exponentes: La generosidad y el sacrificio frente a la brutalidad y la barbarie. Ambos relatos se ven adornados por la oportuna contextualización histórica y apoyados en selectas fuentes y bibliografía.

Deseamos al lector que disfrute de este libro y le pedimos que le reserve un lugar en su biblioteca y en su recuerdo.

Jesús Lorente Liarte.
Doctor en Historia Moderna.
Zaragoza, 2025.

I PARTE

LA CAÍDA DE CONSTANTINOPLA

Capítulo I

EL IMPERIO BIZANTINO

El llamado Imperio Bizantino[1] fue el sucesor del Imperio Romano de Oriente y se prolongó desde la época tardo romana, y durante toda la Edad Media, hasta la Caída de Constantinopla en 1453 que determinó para la historiografía contemporánea el comienzo de la Edad Moderna. A lo largo de sus más de mil años de existencia y a pesar de sus vaivenes políticos, intrigas cortesanas, epidemias y vicisitudes sociales y económicas, Bizancio desarrolló una brillante cultura que, heredera del mundo romano, se adornó con unas características distintivas propias[2].

El origen de este gran fenómeno histórico se produjo en el año 324 d.C., con Constantino I *'el Grande'*[3].

Éste Emperador construyó, sobre la base de un milenario establecimiento megarense[4], la nueva capital del Imperio Romano:

---

1 El concepto *'Imperio Bizantino'* fue acuñado por Hieronymus Wolf en 1557 en su *Corpus Historiae Byzantinae,* aunque no se popularizó en la historiografía hasta el siglo XVIII.

2*Maier, Franz Georg. *Bizancio.* Siglo XXI. Madrid, 1971.

3 Constantino I *'el Grande'* (c. 274-337): Noble romano nacido en Serbia, de gran prestigio militar, a la muerte de Constancio, fue nombrado César por sus tropas. Debió combatir a otros aspirantes. El año 312 d.C., en la víspera de la Batalla de Puente del río Milvio contra Majencio, tuvo una visión con el símbolo de Cristo (XP) y el mensaje *'in hoc signo vinces'* (*'con este signo vencerás'*), convirtiéndose así en Primus Augustus. Junto al Coemperador Licinio, proclamó en 313 el Edicto de Milán que legalizó el cristianismo. De nuevo en guerra civil, venció a Licinio en Crisópolis el 324 siendo nombrado Emperador de Oriente y Occidente.

4 Megara: Polis griega emplazada en el golfo de Égina que, fundada por los Carios, desarrolló una gran actividad colonizadora durante el siglo VIII a.C.

Nueva Roma o Constantinopla (La *'Ciudad de Constantino'*). El Emperador eligió este emplazamiento tanto por alejarse de las intrigas que proliferaban en la corrupta Roma, como por su esencial posición estratégica, punto de conexión entre Europa y Asia.

Además, su envidiable situación la configuraba como un punto vital en las vías comerciales de la época como la *'Ruta de la Seda'*[5]. Su estructura urbanística se inspiró en la misma Roma. Así, la nueva urbe se dividió en catorce regiones, foro, capitolio y senado sobre siete colinas. Un ejército de trabajadores y artesanos, respetando los elementos monumentales preexistentes, construyó una ciudad de gran belleza a la que se transportaron, desde otras localidades del Imperio, impresionantes obras esculturales y arquitectónicas.

Constantino I *'El Grande'*.

5 Ruta de la Seda: Importante vía comercial que enlazaba Xi'an (China) con Antioquía (Siria) y Constantinopla. Sus mercancías de lujo, amén de la seda, eran especias y codiciados productos de extremo oriente que llegaban a Europa desde Bizancio.

El 10 de mayo del año 330 d.C., Constantino inauguró la Capital Universal del Imperio con los ritos ancestrales romanos, en una celebración oficial que se prolongó a lo largo de cuarenta días. Desde ese instante, Constantinopla fue el centro administrativo y económico del Imperio Romano[6].

En el año 337, Constantino falleció dejando el Imperio sin una sucesión clara hasta que uno de sus hijos, Constancio II, pudo hacerse con el control del poder tras derrotar al usurpador Magnencio en el año 351 en las batallas de Mursa Major y Mons Seleucus. No obstante, la necesidad de mantenerse en el poder empujó a Constancio II a aliarse con los pueblos alamanes, provocando así invasiones germanas que sólo Juliano pudo detener en el año 357, quien sería proclamado Emperador tras la muerte de Constancio en el año 361.

Las turbulencias por las que atravesó el Imperio, desde la muerte de Constantino *'el Grande'* (337) hasta la de Juliano II *'el Apóstata'* (363), fueron protagonizadas por incursiones libias, la actividad de la piratería en aguas del Egeo, la peligrosa situación en las fronteras bárbaras del Danubio y la Galia, y la guerra continua contra la poderosa Persia Sasánida; agravándose esta situación durante los reinados de Valentiniano en Occidente (364375) y de Valente en la parte oriental (364-378), siendo el desastre de Adrianópolis (Edirne —Turquía— 9 de agosto del 378) el hito que hirió de gravedad a la integridad del Imperio.

Esta grave situación de inestabilidad de la Corona fue solventada, al menos en parte, por la proclamación de Flavio Teodosio como Emperador, logrando la frágil unidad de ambas partes del Imperio[7]. A la muerte del Emperador Teodosio I *'el Grande'* (395 d.C.) la división entre Occidente y Oriente se configuró inevitable:

6*Norwich, John Julius. *Breve Historia de Bizancio.* Cátedra. Madrid, 2000.
7*Barreras, D. y Durán, C. *Breve Historia del Imperio Bizantino*. Nowtilus, Madrid, 2010, pp. 53-57.

Entonces el Imperio se dividió entre Flavio Honorio, su hijo menor, que le sucedió en la región de Occidente, con capital en Roma; y su primogénito Arcadio, quien reinó en Oriente, desde Constantinopla.

Según la mayor parte de la historiografía, éste es el punto de inflexión cuando el Imperio Bizantino sucede como concepto político al antiguo Imperio Romano Oriental.

Mientras que el Imperio Occidental finaba en septiembre del 476, con la caída de Roma en manos del jefe bárbaro hérulo Odoacro[8] que arrebató la corona a Rómulo Augústulo, Bizancio lograba frenar a los invasores y sobrevivir como Imperio. En efecto, el pueblo germánico oriental de los Visigodos había sido detenido por el Basileus Flavio Arcadio (395-408) y su sucesor, Teodosio II (408-450), dio comienzo a la construcción de las legendarias murallas de Constantinopla manteniendo la paz con los hunos mediante el pago de tributos hasta la muerte de Atila en el 453.

Muralla de Tierra de Constantinopla[9].

8 Tras derrotar al Emperador Rómulo Augústulo, reconoció la soberanía del Basileus de Oriente sobre Occidente y devolvió las Insignias Imperiales al Emperador Zenón en Constantinopla quien lo confirmó como Dux de Italia. El 489, traicionado por Zenón, perdió Roma y fue asesinado por el Caudillo Ostrogodo Teodorico.
9 Teresa Andrés, 2024.

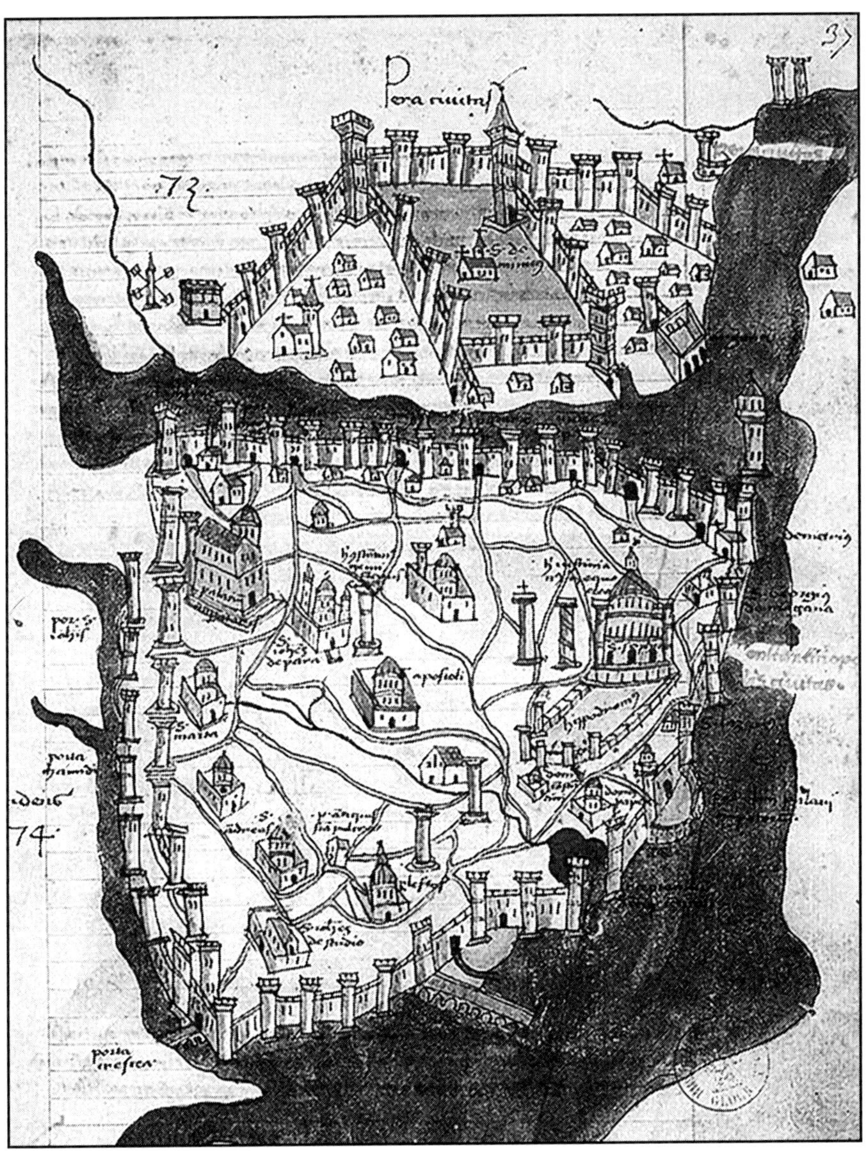

Plano más antiguo que se conserva de la ciudad de Constantinopla. De 1422[10]

10*https://elretohistorico.com/constantinopla/

Por su parte, Flavio Zenón (reg. 474-491), a quien había rendido vasallaje Odoacro, con una oscura diplomacia, evitó la invasión bárbara de sus territorios por parte del Ostrogodo Teodorico *'el Grande'*. El precio fue que las hordas invasoras se dirigieran a sangre y fuego sobre Occidente y tomasen Roma.

De tal forma, a finales del siglo V, durante el gobierno de Anastasio I (reg. 491-518), los invasores del norte y el este europeo ya estaban asentados en todas las regiones de Europa ocupados en la consolidación de sus jóvenes reinos y, a causa de ello, la amenaza bárbara sobre Constantinopla había desaparecido[11].

El reinado de Flavius Petrus Sabbatius Iustinianus, o Justiniano I *'el Grande'* (reg. 527-565)[12], es conocido como el más próspero y brillante de la historia de Bizancio. Estaba impulsado por el ideal de restablecer la grandeza del antiguo Imperio Romano. Se caracterizó por grandes logros y avances en materia económica, comercial y en un exponencial desarrollo del derecho. Pero, lo más espectacular de este periodo fueron sus campañas militares dirigidas, en su mayor parte, por el brillante General Belisario[13].

Así, tras asegurar la frontera persa frente a Cosroes I en la Batalla de Dara (530), los bizantinos se empeñaron en grandes campañas expansionistas en Occidente. En una operación relámpago, desarrollada entre los años 533 y 534, Belisario consiguió apoderarse de todo el norte de África, arrebatándoselo a los pue-

---

11*Roth, Karl. *Historia del Imperio Bizantino.* Labor. Barcelona, 1925.

12*García-Guijarro Ramos, Luis. "Justiniano y la Romanidad Oriental en el siglo VI". En *Historia Universal de la Edad Media.* Cap. V. pp. 95-129.

13 Belisario (c. 505-565): Nacido en Iliria, en los Balcanes, Justiniano I le dio el mando del ejército bizantino en el 530, llegando a convertirse en uno de los más destacados Caudillos militares de la historia. Aseguró las fronteras del Imperio y sofocó numerosas revueltas. Con sus ejércitos bien organizados y dirigidos, logró reconstruir una gran parte del antiguo Imperio Romano del Mediterráneo. Víctima de las intrigas palaciegas, en el 548 fue relevado en el mando por el General Narsés. Sin embargo, en el 558 fue reclamado de nuevo al frente del ejército imperial para asegurar la frontera norte. En el 562 volvió a ser acusado de conspiración y, harto de ello, se retiró de la vida pública.

blos Vándalos y ocupó las islas Baleares, Córcega y Cerdeña. En el 535 tras su victoria en la Jornada de Mundus, ocupó Dalmacia en la costa Adriática. Al año siguiente, conquistó todo el sur de Italia incluida Roma.

Tras una frágil paz con los sasánidas, una nueva campaña en Persia (544) y las luchas contra los invasores búlgaros (559) fueron sus últimos hechos militares más destacables. Estos éxitos pudieron ser mantenidos por el General Narsés, eunuco armenio, quien le sucedió tras una intriga cortesana en la que era chambelán. Las conquistas en Occidente, finalizaron en el 554 en Hispania, donde el reino visigodo se desangraba en una guerra civil entre el rey Agila y Atanagildo.

Así, Bizancio se anexionó el tercio meridional de la Península Ibérica (la mayor parte de la provincia romana de la *Baetica*[14].

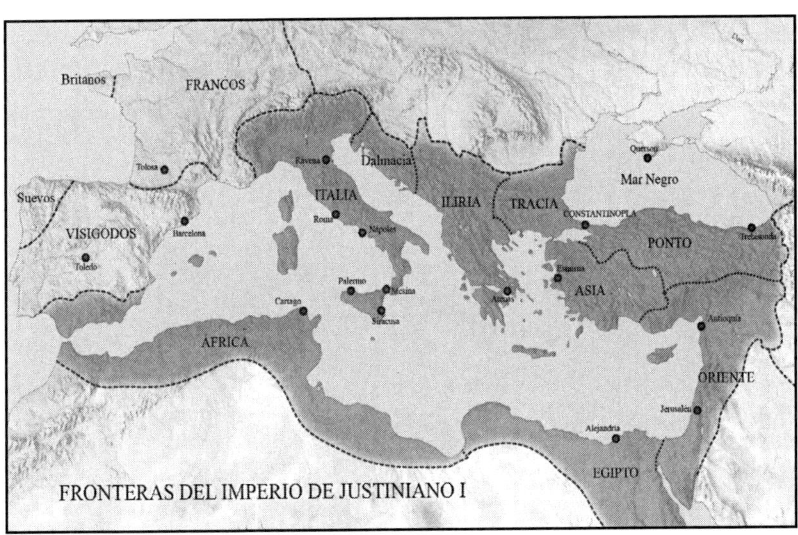

FRONTERAS DEL IMPERIO DE JUSTINIANO I

En el reinado de Justiniano no todo fueron éxitos militares y desarrollo de la civilización. El reverso de la moneda fueron los

14*Barreras, D. y Durán, C. *Op, Cit*, pág. 95.

enormes gastos militares que esquilmaron las arcas imperiales, con las sistemáticas subidas de impuestos para reponerlas, y los consecuentes descontentos y desordenes sociales. El punto más oscuro lo representó la terrible epidemia que, estallando en el fatídico año del 543, fue conocida como *'Peste de Justiniano'* que produjo la mortandad de un tercio de la población del vasto Imperio Bizantino.

Por la misma causa se produjo el desbaratamiento de las estructuras comerciales marítimas[15]. Bizancio entraba así en un periodo de crisis desarrollado en los siglos VII y VIII[16].

Justiniano I.

15*Lester K. *Plague and the End of Antiquity: The Pandemic of 541-750*. Little, ed. Cambridge, 2007.
16*Walker, Joseph M. *Historia de Bizancio*. Madrid. Edimat, 2005.

Justino II sucedió a su tío como continuador de su política. Su corto reinado no logró éxito alguno y cuando fue sucedido en el 578 por Tiberio II Constantino, el Imperio perdió posesiones italianas a manos de los pueblos Lombardos del norte de Italia[17]. Momento importante fue el del gobierno de Mauricio (reg. 582-602), que creó las unidades administrativas de los *exarcados* (territorios bajo dominio bizantino fuera de las fronteras del Imperio) en Italia y el norte de África como consecuencia de las recientes invasiones.

Además, Mauricio estableció unas eficientes circunscripciones en las que el poder civil y militar estaban unidos bajo la figura del *Strategos*, recayendo la responsabilidad de la defensa de las mismas en campesinos-soldados (*Estratiotes*) a los que se les entregaba una tierra para su protección[18].

De seguido, Flavio Phocas Augusto gobernó el Imperio Bizantino entre los años 602 y 610, tras acabar, para lograrlo, con la vida de Mauricio junto con toda su familia, el tiempo justo para que los persas imperasen en las fronteras orientales de Bizancio. Víctima de sus propios métodos, tras la violenta eliminación de Phocas, en el año 610 accedió a la Corona Imperial Flavius Heraclius Augustus.

Heraclio (reg. 610-641)[19] debió hacer frente a las invasiones persas del ambicioso Sha Cosroes II, además de a las bárbaras avaras y eslavas, salvando a Constantinopla tanto gracias a su pericia militar y bien organizado ejército, como a sus cada vez más poderosas y sólidas murallas. Al concluir la guerra en el 628, se había conseguido el restablecimiento las fronteras del Imperio.

---

17 Lombardía: Región del norte de Italia, abarca Bérgamo, Brescia, Como, Cremona, Mantua, Milán, Pavía, Sondrio y Varese.

18*Donado Vara, J. y Echevarría Arsuaga, A. *La Edad Media: siglos V-XII*. Editorial Universitaria Ramón Areces, UNED, Madrid, 2009, pp. 60-61.
Este es un principio de lo que serán los señoríos en la sociedad feudal medieval.

19 Heraclio estableció el griego como lengua oficial y administrativa del Imperio abandonándose definitivamente el latín.

Además, el Basileus Heraclio devolvió la estabilidad socioeconómica al Imperio aplicando importantes reformas administrativas, militares y territoriales (*Themas*[20]) que favorecieron el comercio, el sistema hacendístico y la seguridad fronteriza.

Éste resurgir bizantino fue ensombrecido por la mayor de sus amenazas históricas con la aparición de su más terrible enemigo: El islam[21]. En efecto, entre los años que separaron el 633 con el 645, los musulmanes se apoderaron de las provincias de Siria, Palestina y Egipto. A la sazón, Bizancio se encontraba extenuado por los enormes esfuerzos económicos y militares que tuvo que realizar para alcanzar la situación de estabilidad lograda por Heraclio, circunstancia que, como decimos, fue aprovechada por los árabes para arrebatarle parte de sus dominios en Oriente Medio amenazando seriamente la integridad territorial del Imperio[22].

Con este Basileus y sus descendientes se iniciaba el periodo de gobierno gestionado por la Dinastía Heraclida. De esta forma, el sistema sucesorio de la corona encontró su estabilidad y continuidad con el nombramiento en vida de un Emperador asociado (diarquía), evitando las destructivas luchas por el poder tan nocivas en décadas anteriores. Adoptando una visión general proyectada en el tiempo a lo largo de esta Dinastía, tenemos como sucesores de Heraclio a su hijo Constantino III (reg. Febrero del 641 a mayo del mismo año); su nieto Constante II (641-668); su bisnieto Constantino IV (668-685); y su tataranieto Justiniano II. Éste reinó en dos periodos diferentes, siendo el primero entre los años 685 y 695, y el segundo entre el 705 y el 715. Estos interregnos se debieron a revueltas urbanas y militares que propiciaron el ascenso al poder de diversos y efímeros pretendientes usurpadores.

---

20 Thema**:** Circunscripción militar y administrativa que fue creada siguiendo los esquemas precedentes de los *exarcados* establecidos por Mauricio.
21*Ayala Martínez de, Carlos. "Nacimiento del Islam". En *Historia Universal de la Edad Media*. Cap. VI. Pp. 133-137.
22*Barreras, D. y Durán, C. Op. Cit. pp. 109-114.

Tales aventureros fueron Tiberio III (696-705), Bardanes (711-713), Artemio (713-715) y Teodosio III (715-717)[23], quienes provocaron una continua situación de inestabilidad interna.

A finales del siglo VII aconteció uno de esos espectaculares fenómenos que son capaces de cambiar el curso de la historia: En el 670, Constantino IV (reg. 668-685), recibió del alquimista Calínico de Heliópolis (Egipto) una secreta fórmula, extraída de los legajos de la Biblioteca de Alejandría antes de su destrucción. La misma, consistía en un sistema combinado que permitía arrojar al enemigo una substancia adhesiva inflamable (posiblemente nafta con petróleo, azúfre, cal viva...). Utilizaba como herramienta proyectora un primitivo cañón y como propulsor una matería química sólida similar a la pólvora: Era el *'Fuego Griego'*[24], posiblemente una de las armas secretas más misteriosas de la historia, y que fue decisivo para la supervivencia del Imperio hasta la última batalla por Constantinopla.

En efecto, cuando el Califa de Damasco Muawiya lanzó una vasta ofensiva contra Bizancio, una flotilla ligera bizantina dotada con los ingenios inventados por Calínico causó grandes estragos en las fuerzas navales árabes. Ante este arma secreta y la imbatibilidad de las Murallas de Constantinopla, el Califa se vio obligado a firmar la paz en el 678. Por ella, pagaría anualmente, como indemnización de guerra, cincuenta caballos árabes, 50 esclavos y 3.000 piezas de oro.

Sin embargo, simultáneamente, Bulgaria se configuró como reino independiente secesionándose de Constantinopla y las migraciones eslavas fueron instalándose progresivamente en los Balcanes generando una diversidad étnica que potenciaba la posibilidad de futuras inestabilidades en el sector.

23*Barreras, D. y Durán, C. Op. Cit, pág. 123.
24*Montaña Jou, D. *Seiscientos Años de Artillería.* Seix Barral. Barcelona, 1942. pp. 15-16.
*Mauricio. *Strategikon*, Libro XI. Edición de Dennis & Gamillscheg. Viena, 1981.

Así fue, pues el Imperio tuvo que afrontar costosas campañas militares en el frente balcánico contra los eslavos, teniendo incluso que comprar la paz y realizar concesiones titulares frente a sus enemigos para salvaguardar sus fronteras. De esta forma, Bizancio entraría en un nuevo periodo de inestabilidad y crisis política que elevaría al trono a Teodosio III que sería incapaz de hacer frente a las amenazas de búlgaros, eslavos, y sobre todo, del cada vez más temible islam.

La situación de inestabilidad provocada por la amenaza musulmana derivó en un golpe militar protagonizado por el *Strategos* de la provincia de Anatolia León, quien consiguió derrotar a las tropas imperiales y entrar triunfante en Constantinopla en marzo del año 717. Tras su triunfo, fue coronado Emperador como León III (reg. 717-741). De forma eficaz, logró repeler el asalto árabe y obtuvo sobre ellos la gloriosa victoria de la Batalla de Akroinon en el año 740. Mediante estos triunfos, complementados con la eficaz reorganización militar de las fuerzas armadas del Imperio, León III y su Dinastía Isáurica (o Isauria) proporcionó al Imperio de Bizancio una larga estabilidad que tanto necesitaba. Esta estabilidad y su consecuente prosperidad fue continuada por sus herederos quienes culminarían sus ambiciosos proyectos de hegemonía para Bizancio[25].

Así, la Dinastía Isáurica se mantuvo en el trono de Bizancio con Constantino V (reg. 741-775), cuya campaña más notable fue la guerra contra Bulgaria; León IV, que apenas estuvo unos años en el poder a causa de su muerte en el año 780, siendo el heredero su hijo, menor de edad, Constantino VI. Esta situación fue hábilmente aprovechada por su madre, Irene, para tomar las riendas del poder como Regente hasta que fue depuesta por el golpe militar de Nicéforo I Logothetes Megas en el 802. El nuevo Basileus, experto alto funcionario, trató de sanear el diezmado tesoro de la administración de la depuesta Irene mediante una reforma del sistema impositivo y fiscal.

25*Barreras, D. y Durán, C. Op. Cit. pp. 125-128.

Asimismo, cosechó algunos éxitos en la eterna guerra contra los búlgaros, encontrando él y su hijo la muerte en una de estas campañas bélicas en el año 811. Por esta razón, sería su cuñado, Miguel I Rangabé, el nuevo sucesor, quien, asimismo, acabó destronado y encerrado en un convento tras su derrota contra los búlgaros en el 813. Este hecho dio lugar a una difícil situación en la que se vieron involucrados tres pretendientes: León, *Strategos* del *Thema* de Anatolia; el frigio Miguel *'el Tartamudo'* (futuro Emperador Miguel II); y Tomás *'el Eslavo'*, del *Thema* de Armenia. Fue León V (reg. 813-820) quien se alzó con el triunfo, aunque el mismo año de su ascenso al poder sufrió una importante derrota frente a los búlgaros en la misma Constantinopla, siendo este uno de los motivos por los cuales fue depuesto violentamente por uno de sus generales, quien adoptaría el título imperial como Miguel II (reg. 820-829), estableciéndose en el trono de Bizancio la Dinastía Frigia o Amórica.

La situación de desorden en el seno del califato musulmán abasí[26] no fue suficiente para dotar de estabilidad al Imperio Bizantino, que vería amenazadas sus fronteras con los búlgaros durante todo el reinado de Miguel II hasta su muerte natural en 829. La sucesión recayó sobre su hijo Teófilo (reg. 829-842), gran mecenas del arte y brillante defensor de los dominios bizantinos al fortificar los principales pasos montañosos del Tauro (*Clisuras*)[27].

Destacó además su reforma militar basada en la división de los *Themas* en bandas (200 soldados). Finalmente, en el año 843, Teófilo falleció siendo sucedido en el trono imperial por Miguel III, bajo cuyo gobierno se estabilizaron los diversos frentes militares que ahogaban al Imperio[28].

---

26 Califato Abasí: Ver pág. 53 npp 65. de este libro.

27 El arte de la fortificación o munatoria fue una ciencia en la que el Imperio Bizantino destacó como heredero del Imperio romano. Lo mismo podría afirmarse de las infraestructuras u obras públicas.

28*Donado Vara, J. y Echevarría Arsuaga, A. *La Edad Media: siglos V-XII*. Editorial Univer-sitaria Ramón Areces, UNED, Madrid, 2009, pp.117-124.

Entre los años 726 y 843, el Imperio Bizantino se vio inmerso en otra de sus sangrientas y numerosas luchas internas por el control del poder efectivo. El enfrentamiento entre el Basileus y el Patriarca de Constantinopla representaba la típica lucha por el gobierno entre el poder religioso y el civil. La misma, conocida por la historiografía como la *'Querella Iconoclasta'*, enfrentó a los partidarios de mantener la imaginería santera en el culto cristiano (*'Iconódulos'*) y los contrarios a ello (*'Iconoclastas'*). En realidad se trataba de una excusa que justificaba una disputa política Iglesia-Estado.

Al concluir esta polémica, que produjo severas consecuencias sociales, se produjo una recuperación de la estabilidad del Imperio, manifestada especialmente a partir del reinado de Miguel III Amoriano (reg. 842-867). A ello, sin duda, contribuyó igualmente la crisis del Califato Abasí que fragmentó el mundo islámico disminuyendo y mermando exponencialmente su capacidad expansionista y militar.

A la muerte del Basileus Miguel III a manos de su favorito, el macedonio Basilio, comenzó a reinar en Bizancio la *'Dinastía Macedónica'* (reg. 867-1056). Esta época, por sus grandes avances y el esplendor alcanzado por Bizancio, ha venido a calificarse como *'Renacimiento Macedónico'*[29]. Se inauguró la Dinastía con su fundador Basilio I (reg. 866-886), comenzando la recuperación del Imperio bajo su exitoso gobierno que propició el resurgimiento político, cultural, económico y militar; políticas éstas que sus sucesores desarrollaron y afianzaron para mantener la hegemonía de su Imperio.

Durante este periodo los musulmanes se señorearon de Sicilia, Bizancio recuperó los territorios del norte de Siria y Antioquía (969) y las islas de Creta (961) y Chipre (965), mientras, en el norte, el gran enemigo de Constantinopla fue el pujante Reino de Bulgaria.

29*Cabrera, Emilio. *Historia de Bizancio*. Ariel. Barcelona, 1998.

Su Zar Simeón I, paradójicamente educado en Bizancio, controlaba las regiones de Tracia, Serbia y Albania en los Balcanes. Para el bien del Imperio, este líder militar pudo ser sometido por los ejércitos de Basilio II (reg. 963-1025).

Otro asunto fue el de las relaciones diplomáticas bizantinas con la Europa Occidental. Políticamente, la aparición del Imperio Carolingio con capital en Aquisgrán (768) generó rivalidades personales entre ambos Emperadores. Sin embargo fueron, en especial, la adopción de medidas reformistas por parte de la iglesia romana las que causaron malos aires entre los Patriarcas Ortodoxos y los Obispos Latinos desde el siglo IX. Así, tras varios intentos de conciliación entre ambos sectores oligárquicos religiosos, en el año 1054 se produjo el llamado *'Cisma de Oriente'* o *'Gran Cisma'* que dividió para siempre las iglesias Católica y Ortodoxa.

LA CONTROVERSIA FILIOQUE Y EL GRAN CISMA

El 589, en el III Concilio de Toledo, el Rey Visigodo Recaredo renegó de la doctrina de Arrio de Alejandría[30] y abrazó el catolicismo romano, quedando esta fe como religión oficial. En ese mismo congreso se estableció el latín como lengua de la iglesia y se añadió el término filioque ('y del Hijo'), al Credo[31]. Así, se afirmaba que el Espíritu Santo no procedía exclusivamente del Padre como postula el credo Nicenoconstinopolitano del 325, sino, a la vez, del Padre y del Hijo.

---

30 Arrianismo: Corriente cristiana del s. IV del sacerdote libio Arrio de la escuela teológica de Luciano de Antioquía. Condenada en el 1er Concilio de Nicea, tolerada por Constantino I, seguida por Constancio II y Eusebio de Nicomedia, fue prohibida el 379 por Teodosio I. Sin embargo, persistió entre pueblos bárbaros cristianizados. Según Arrio, Jesús no gozaba de la misma esencia de Dios, sino que era una divinidad subordinada. Ello chocaba con la ortodoxia católica al plantear no la Trinidad como una misma esencia sino como dualidad próxima al gnosticismo que luego propugnarían los Cátaros.

31 Credo Católico: Oración cristiana que encarna una declaración de Fe Católica que reafirma los dogmas trinitarios, establecido en el I Concilio de Constantinopla del 381 su resumen se establece en el siguiente postulado: *"Dios Padre, Hijo y Espíritu Santo, tres Personas distintas y un solo Dios verdadero"*.

En un principio la cuestión no suscitó disputas con Oriente, pero, el 1014, Enrique II del Sacro Imperio Romano Germánico exigió al Papa Benedicto VIII la recitación del Credo Latino para su coronación. Esta provocación inició la discordia doctrinal entre Roma y Constantinopla.

El 1054, el Papa León IX propuso una alianza con Bizancio para enfrentarse a la amenaza de los Vikingos. Para ello, se envió una comisión a Constantinopla dirigida por el Cardenal Humberto de Silva y los Arzobispos Federico de Lorena y Pedro de Amalfi. En un gesto poco diplomático, el Legado negó la condición de ecuménico (universal) al Patriarca de Constantinopla Miguel I Cerulario. El Patriarca revocó la audiencia a los emisarios y el Cardenal, indignado, procedió a excomulgarlo con una bula que depositó el 16 de julio del 1054 sobre el altar de Santa Sofía. Por su lado, Cerulario excomulgó a toda la legación y quemó públicamente la bula de Silva. El Obispo de Roma proclamó su jerarquía sobre toda la cristiandad, incluyendo Oriente. En respuesta, los Patriarcas ortodoxos aseveraron que sólo era un *'Primus inter pares'*, y que sólo Cristo era absoluto e infalible. Así, el cisma consolidó la identidad bizantina y los posteriores intentos de concilio fueron infructuosos, impidiendo, en consecuencia, toda posibilidad de colaboración militar en la cristiandad entre latinos y ortodoxos.

A Basilio II y a su hermano Constantino VIII (reg. 963-1025, Coemperador aunque apenas tuvo relevancia en el gobierno), les sucedieron en el trono Romano III (reg. 1028-1034), Miguel IV (reg. 1034-1041) y Constantino IX (reg. 1042-1055), extinguiéndose la Dinastía Macedónica en el 1056 con la muerte de Teodora, quien dirigió el Imperio ante la ausencia de varones al ser hija de Constantino VIII. Con la desaparición de esta Dinastía, la nobleza terrateniente encontró su momento idóneo para hacerse con el poder imperial bizantino.

Será la familia Comneno la que finalmente se hizo con la Corona[32]. Tras el breve reinado de Isaac Comneno (reg. 1057-1059),

32*Barreras, D. y Durán, C. Op. Cit. pp. 151-153.

en la segunda mitad del siglo XI, los turcos volvieron al ataque: La victoria del Sultán Alp Arslan sobre el Basileus Romano IV Diogenes Ducas (reg. 1068-1071) en los campos de Manzikert del 26 de agosto del 1071 acabó con su reinado y con la hegemonía bizantina en Oriente Medio que quedó en manos de la dinastía Selyúcidas[33].

Estas conquistas conmocionaron a Occidente, y propiciaron que las poderosas familias Comneno y Ducas unificaran su poder para fortalecerse ante cualquier amenaza, cristalizando el proceso con la toma del poder de Alejo I Comneno (reg. 1081-1118). Durante su gobierno, la política matrimonial entre las diversas familias influyentes hizo que los principales y más importantes mecanismos políticos estuvieran en manos de estos grupos en cuyas manos recayó todo el peso del Estado.

Por otro lado, el Imperio vio amenazadas sus fronteras tanto por los *'Hombres del Norte'* (vikingos) como por los turcos, a quienes tuvieron que combatir con las armas y mediante delicadas políticas diplomáticas. Esta situación se vio agravada a causa de la escasez de tropas de los *Themas*, lo que daría lugar a la desaparición de los Strategos por la nueva figura de inspiración occidental del Duque. Esta inestabilidad fronteriza se agudizó durante el gobierno de Manuel I (1143-1180) quien, tuvo que defenderse de las ofensivas llevadas a cabo por las repúblicas marítimas italianas en alianza.

---

33 Selyúcidas: Dinastía turca de Oriente Medio que gobernó entre los ss. XI y XII. El Clan Uguz, se convirtió al islam en el siglo X y se estableció en la iraní Jurasán a comienzos del XI. Entre 1040 y 1055, conquistaron la mayor parte de Irán e Irak, dirigidos por Tugrïl Bej quien fue nombrado Sultán por el Califa de Bagdad. La victoria de Alp Arslan sobre los bizantinos en el 1071 en la Batalla de Manzikert alarmó tanto al mundo occidental que se organizó la I Cruzada. Los Selyúcidas establecieron su capital en Isfahan (Irán) y adoptaron el persa como lengua oficial. Tras la muerte de Malik Sha y de su Visir, Nizam al-Mulk, el Imperio se dividió entre los hijos del Sultán. La Dinastía fue declinando progresivamente. En Anatolia subsistió el sultanato de Rum, rama dinástica Selyúcida. Fue sojuzgado por los mongoles en 1243, y en 1308 asesinaron a su último Sultán, Kayqubad III.

Génova, Venecia, el Papa, Sicilia y Alemania, hostigaron a Bizancio entre los años 1169 y 1177. Finalmente, a la muerte de Manuel I, Bizancio pudo ver calma en sus fronteras; no obstante, en el interior del Imperio la nobleza militar acabaría por pronunciarse en un golpe de Estado en 1182 que entronizó a un efímero Andrónico I durante sólo tres años[34].

En Europa el crecimiento demográfico acarreó dos exigencias: El asentamiento físico de los nuevos contingentes humanos y el mantenimiento de una ruta comercial con Oriente para abastecer las crecientes necesidades de consumo. Además, Tierra Santa ofrecía a los hijos segundones de nobles familias privados de derechos sucesorios (y la idea de la indivisibilidad del patrimonio) una promisoria prosperidad. Ciudades de la península italiana como Génova, Pisa o Venecia, en plena expansión, vislumbraban la importante posibilidad de desarrollo comercial. Así surgió la idea de las Cruzadas, apoyada por un factor ideológico decisivo: Sus integrantes creían que su participación en la lucha contra los infieles garantizaría su salvación espiritual.

LAS CRUZADAS

* **Primera Cruzada:** El jueves 27 de noviembre del 1095, en Clermont-Ferrand (Francia), el Papa Urbano II predicó la Cruzada para recuperar los Santos Lugares ante una multitud enfervorecida. La respuesta fue abrumadora. El Pontífice dispuso que en cada nación de la Cristiandad se organizase un cuerpo expedicionario autofinanciado. Las diversas unidades militares nacionales se trasladarían separadamente hasta Constantinopla donde se reagruparían para acometer la empresa. Su objetivo era arrebatar Jerusalén a sus conquistadores infieles. Así, a comienzos de 1096 se formaron cinco grandes ejércitos de los reinos europeos. El apoyo popular fue sorprendentemente masivo[35].

34*Donado Vara, J. y Echevarría Arsuaga, A. Op. Cit., pp. 276-277.
35*Runciman, Steven. *Historia de las Cruzadas.* Alianza. Madrid, 1999.

Por otro lado, Pedro *'el Ermitaño'*, enfebrecido predicador de Amiens, reclutó una ingente masa popular que, sin preparación ni organización alguna, marchó anticipándose a los ejércitos de los Caballeros. Esta desdichada expedición, que sufrió grandes penalidades durante su viaje, fue exterminada sin logro alguno.

Grabado de *Gustavo Doré*.

Los ejércitos nobiliarios llegaron a Constantinopla entre otoño del 1096 y primavera del 1097. El Basileus Alejo I Comneno planteó a los Cruzados unas condiciones desalentadoras. El conflicto entre Bizancio y los Cruzados era inevitable.

En mayo del 1097 los Cruzados atacaron Nicea (actual Íznik, en la costa del Mar de Mármara). Un mes después la ciudad se entregaba a los bizantinos y no a los Cruzados quienes habían soportado el coste de la acción. El 1º de Julio de ese año, los Cruzados ya habían ocupado Asia Menor y, posteriormente, rendirían Antioquia (hoy Antakya, sur de Anatolia).

El 7 de junio del 1097 asentaron sus campamentos frente a Jerusalén. El 15 de julio, los Cruzados tomaron la Ciudad Santa en nombre de San Jorge de Capadocia, en un heroico asalto y, en su éxtasis voraginoso de victoria, masacraron a casi todos sus habitantes. Godofredo de Bouillon, Duque de Lorena, quedó como gobernante de Jerusalén. En la explotación del éxito, los Cruzados derrotaron a los egipcios en Ascalón (Palestina) sólo un mes más tarde. Sin embargo, el 1099, con la convicción de haber cumplido su misión la mayoría de los efectivos cristianos regresaron a casa. Esta Cruzada determinó el establecimiento de cuatro feudos cristianos, siendo el más poderoso el Reino Latino de Jerusalén. Al norte, en la costa de Siria, estaba el Condado de Trípoli. En el valle del Orontes se fundó el Principado de Antioquía y al este el Condado de Edesa (Urfa, Turquía). Imad al-Din Zangi de Mosul ocupó Edesa en el 1144.

* **Segunda Cruzada:** El 1145, se convocó otra Cruzada dirigida por Luis VII de Francia y Conrado III del Sacro Imperio. Los alemanes fueron vencidos en Dorilea y abandonaron. Los franceses liberaron el cerco de Jerusalén en el 1148 y salvaron al Rey Balduino III, pero fracasaron en Damasco. Los musulmanes tardaron 40 años en reaccionar: Saladino invadió el Reino de Jerusalén el 1187, infringiendo a los cristianos una derrota aplastante en Hattin (Galilea). El Rey de Jerusalén, Gui de Lusignan entregó su ciudad el 2 de octubre de ese año.

* **Tercera Cruzada:** El 29 de octubre del 1187, Gregorio VIII proclamó una Cruzada a la que concurrieron Federico I *'Barbarroja'* del Sacro Imperio, Felipe II Augusto de Francia y Ricardo I *'Corazón de León'* de Inglaterra. Federico I ofreció dos grandes victorias en Filomelion e Iconium. Sin embargo, se ahogó por accidente el 10 de junio de 1190 en el río Kydnos (Cilicia) y su ejército regresó a Alemania.

Felipe II de Francia y Ricardo I de Inglaterra llegaron a Palestina con sus Ejércitos intactos, pero enfrascados en graves desacuerdos personales, fueron incapaces de reconquistar Jerusalén. Sí es cierto que arrebataron a Saladino Acre (Palestina).

* **Cuarta Cruzada:** Fue librada entre el 1202 y el 1204 y nos ocuparemos de ella en parágrafos posteriores dada su importancia para el destino de Constantinopla[36].

Las demás Cruzadas carecieron de importancia para Bizancio. Por ejemplo, la del 1217-1221, se centró en el puerto egipcio de Damieta. La Sexta (1227-1229) no llegó a ninguna acción militar. La séptima de Luis IX de Francia también fue sobre Egipto y acabó en desastre en el 1249. Si escarmentar, el mismo monarca francés realizó otra intentona desastrosa en 1270.

A principios del siglo XIII no faltaban enemigos de Constantinopla y su Imperio en toda Europa. Por una parte, el Pontífice Inocencio III[37] deseaba reimponer el catolicismo romano en Bizancio. Por otra, los crecientes intereses mercantiles de la *'Serenísima República'* de Venecia con oriente estaban desarrollándose enormemente y ambicionaba controlar Constantinopla, puerta de sus rutas comerciales. Además, el Basileus Isaac II Angelo (reg. 1185-1204) comerciaba y apoyaba directamente a los grandes competidores de la *'Serenísima República'* como Génova.

36*Tyerman, Christopher. *Las Guerras de Dios*. Crítica. Barcelona, 2007.

37 Papa Inocencio III (1161-1216): Lotario di Segni estudió Teología en la Universidad de París y Derecho Canónico en la de Bolonia. En el Cónclave del año 1198 fue elegido Papa por la mayoría de los Cardenales. Su característica más destacable fue la austeridad espartana de sus costumbres, su rigor en la aplicación de los postulados y su ferviente adhesión al catolicismo latino. Inocencio III incrementó la extensión territorial de las posesiones Pontificias con Rávena, las Marcas, Ancona y el Ducado de Spoleto. En el año 1202, proclamó la Cuarta Cruzada y, el 1213, apoyando las pretensiones de Felipe II de Francia contra el Rey Pedro II de Aragón, promovió la cruzada contra los Cátaros de la Occitania, *'Los Hombre Buenos'*. Promotor del IV Concilio de Letrán de 1215, apoyó a Domingo de Guzmán y a Francisco de Asís.

El otoño de 1199, el Papa alentó desde Roma la ejecución de una nueva Cruzada. La misma fue dirigida por los siguientes nobles europeos: Conde Teobaldo de Champaña, Balduino VI, Conde de Flandes, el Conde de Blois, Godofredo III La Perche, Simón IV de Montfort, Enguerrando de Boves, Reinaldo de Dampierre y Godofredo de Villehardouin. Cuando, inopinadamente, murió el Conde Teobaldo, fue nombrado como sucesor, Bonifacio de Monferrato.

Monferrato consiguió que Venecia aportase el transporte naval que la República Adriática cobró bien caro. El 8 de noviembre del 1202, los Cruzados zarparon hacia Dalmacia y, siguiendo los intereses de Venecia, ocuparon el puerto de Zara que era, a la sazón, de soberanía húngara. Las intrigas no acabaron ahí, pues Alejo, el hijo del legítimo Basileus Isaac II Angelo que fue cegado y depuesto por su hermano, se unió a los Cruzados y les ofreció apoyo para tomar Constantinopla y derrocar al usurpador de su padre, Alejo III[38].

Tras una campaña de dudosas implicaciones éticas para el cristianismo, los Cruzados tomaron Constantinopla el 13 de abril del 1204. Los feroces guerreros entraron por el barrio de Blaquernas y saquearon la ciudad sin contemplaciones durante tres días[39]. Las causas de la caída de la ciudad, la primera por causa militar y no debida a traiciones ni a conspiraciones interiores, fue una multiplicidad de factores: Los venecianos tenían numerosos espías en el interior que facilitaron al ejército atacante valiosa información. Los Cruzados eran guerreros profesionales muy enardecidos y dotados de apoyo poliorcético y, además, supieron elegir el arremetedero por el *'Cuerno de Oro'*. Además, quiso la fortuna que un incendio estallase en la Ciudad. No hay que olvidar la división entre los propios bizantinos.

38*Phillips, J. *The Fourth Crusade and the sack of Constantinople*. Viking. N.Y., 2004.
39*Queller, Donald E. *The Latin Conquest of Constantinople*. Nueva York; Londres; Sidney; Toronto: John Wiley and Sons, Inc., 1971.

Tras la toma de Constantinopla, los territorios de Bizancio se distribuyeron entre los saqueadores, creándose varios establecimientos feudales: Constantinopla, Nicea, Trebisonda y el Despotado de Épiro.

El Imperio Latino de Constantinopla tuvo como primer Emperador al católico Balduino IX de Flandes, cuyo poder rigió sobre el Peloponeso hasta 1261, cuando fue sojuzgado por los ejércitos níceos. En efecto, el Imperio de Nicea fue fundado aquel 1204 por el ortodoxo Teodoro Láscaris, pretendido continuador de las dinastías de los Basileus Bizantinos. Dominó Oriente Medio, Macedonia y Tracia, el propio Imperio Latino y el Despotado de Épiro. Esta línea de recuperación del Imperio de Bizancio, llegó a su punto cenital con Miguel VIII Paleólogo (1223-1282)[40].

Aliado con Génova, la gran enemiga de la poderosa Venecia, el 25 de julio de 1261, Miguel VIII Paleólogo reconquistó la ciudad de Constantinopla restableciendo el Imperio Bizantino. A partir de ahí, con sus altibajos, la Dinastía de los Paleólogos se mantendrá hasta la misma caída de la ciudad. Mientras tanto, ese mismo año, el Imperio de Trebisonda cayó en manos otomanas.

El Despotado de Epiro (noroeste de Grecia), se mantuvo independiente hasta el 1358, cuando fue sometido por los albaneses.

A lo largo del siglo XIV, los otomanos se impusieron en las tierras bizantinas de Bitinia (noroeste de Oriente Medio y al suroeste del Mar Negro) anexionando al sultanato osmanlí de Orján I las importantes ciudades de Bursa, Nicea y Nicomedia, en la región de Bitinia. Por su parte, los egipcios mamelucos fueron expugnando las fortalezas del Reino Latino de Jerusalén una a una. San Juan de Acre cayó el 18 de mayo de 1291 y los Cruzados, los Caballeros Templarios y los Hospitalarios de San Juan se vieron obligados a abandonar Palestina y a refugiarse en la isla de Chipre.

40*Vannier, J-F. *Les Premiers Paléologues*. Etudes Prosopographiques. París, 1989.

En esta fase del trabajo es preciso hacer referencia a la expedición de los Almogávares Aragoneses al Imperio Bizantino en el siglo XIV.

La misma respondía a la necesidad del Basileus Andrónico II de tropas mercenarias de calidad para contener el expansionismo turco. Éstas bien podían ser los Almogávares[41], quienes, tras el fin de las hostilidades entre la Corona de Aragón y la Casa Anjou en Sicilia por el Tratado de Caltabellotta de 1302, permanecían peligrosamente ociosos. Por su parte, el más óptimo Caudillo, Roger de Flor[42], tenía intereses supervivenciales para alejarse de su pasado templario.

Roger de Flor fue nombrado Mega Duque por el Emperador y reclutó la *'Gran Compañía Almogávar'*. La misma zarpó de Sicilia embarcando en treinta y dos naos a dos mil quinientos infantes con sus familias y auxiliares que completaban unos efectivos totales de 7.000 almas. Nada más llegar a territorio bizantino, acometieron a los turcos logrando victorias espectaculares y ocupando Filadelfia, Magnesia y Éfeso, derrotando a los turcomanos en las Jornadas de Cilicia y, especialmente, del Monte

---

41 La primera vez que se menciona a los Almogávares en las fuentes es a manos de Jerónimo en *Anales de Aragón,* quien los sitúa en el reinado de Alfonso I de Aragón. *Zurita, J. *Anales de Aragón*, cap. XLI 'De las guerras que el emperador don Alonso [por Alfonso I el Batallador] hizo a los moros'. Institución Fernando *'el Católico'*. Zaragoza, 1967. Esta legendaria fuerza militar mercenaria era formada por temibles Soldados de infantería. Luchó en la Guerra de Reconquista Peninsular, en la de Granada, en Portugal... Durante el siglo XIII lucharon junto a Pedro III *'el Grande'* de Aragón en Túnez y Sicilia, bajo el mando de Roger de Lauria, las Navas de Tolosa, las Vísperas Sicilianas...
*De Isabel Martínez, Ricardo. *Los Almogávares*. Falcata Ibérica. Madrid, 2000.

42 Roger de Flor (1267-1305): Nacido en Brindisi de un oficial de Cetrería del Emperador Federico II del Sacro Imperio, ingresó en la Orden del Temple, participando en la III Cruzada y en la Campaña de Sicilia de Pedro III de Aragón, destacándose como Caudillo Militar. Reclamado por Bizancio, dirigió la exitosa campaña contra los otomanos de la *'Compañía Almogávar'* en 1305. Víctima de las tradicionales envidias cortesanas de una corrupta corte bizantina, fue asesinado, junto a sus más brillantes capitanes en Adrianópolis. Sus Camaradas supieron vengarle.
*Igual Úbeda, A. *Vida de Roger de Flor.* Seix Barral. Barcelona, 1952.

Tauro donde causaron casi un 50% de bajas a los musulmanes. Los privilegios concedidos al Caudillo Almogávar provocaron envidias e intrigas palaciegas tan lamentablemente habituales en el viejo Imperio Oriental. De tal forma, durante un homenaje en su honor celebrado en Adrianópolis (actual Edirne, Turquía), en una miserable celada, Roger de Flor fue asesinado junto a sus más próximos Camaradas el infausto 4 de abril de 1305.

Entrada de Roger de Flor en Constantinopla. José Moreno Carbonero.

La misma fue descrita en su obra el *Anábasis* por Jenofonte de Atenas[43]. Así, lejos de intimidarse, los Soldados de Fortuna fueron presas de una suprema indignación e iniciaron lo que se conocerá como la *'Venganza Catalana'*. Durante la misma, los Almogávares arrasaron la campaña bizantina y derrotaron en batalla campal a los ejércitos del Basileus acabando con la vida de 26.000 de sus Soldados y exterminando a todo el contingente alano de donde procedían los asesinos de sus Caudillos. Después

43*Jenofonte. *Anábasis.* Gredos. Madrid, 2000.

de ello, constituyeron un consejo militar para mantener su unidad y su capacidad combativa. A pesar de este ejemplo, la historia volvió a repetirse de inmediato:

El Duque de Atenas, un Barón de origen franco que perseveraba en las viejas entronizaciones señoriales aparecidas tras la Cuarta Cruzada, los contrató como fuerza militar para garantizar sus fronteras. Sin embargo, lograda con éxito la misión encomendada a los Almogávares, el Barón les negó, pertinaz, su soldada. De nuevo en abierta rebelión armada, los Almogávares aplastaron a sus enemigos en la Batalla del río Cefis (1311) proclamando la soberanía del territorio para la Corona de Aragón. Aun excomulgados por el Papa, los Almogávares acrecieron los dominios aragoneses en oriente con el Ducado de Neopatria (en Tesalia). Veinte años después, en 1331, una poderosa expedición del Reino de Francia, con el beneplácito pontificio, fracasó estrepitosamente frente a Atenas[44].

Andrónico III Paleólogo fue Basileus desde el 1328, apoyado por su incondicional General Juan Cantacuceno. Éste último desarrolló una correcta administración, pactó una alianza mercantil con los genoveses e intentó frenar las ambiciones otomanas. A la muerte de Andrónico en 1341, Cantacuceno fue nombrado Regente del Rey niño Juan V, pero su madre, Ana de Saboya, conspiró contra él y estalló la Guerra Civil. Gracias a la ayuda, primero de los de los serbios y más tarde de los otomanos de Orhan I, en 1347, regresó victorioso a Constantinopla como Coemperador de Juan V. A la sazón, la situación no era buena para el Imperio pues los serbios avanzaban sobre sus tierras, los turcos eran cada vez más ambiciosos y audaces y el comercio estaba, prácticamente, en manos genovesas. En 1353 Juan VI Cantacuceno intentó librarse de Juan V y Coronó a su hijo Mateo como Coemperador. Al año siguiente, los turcos ocuparon la ciudad de Gallipoli (Geliblou). Cuando Cantacuceno reclamó la devolución de la plaza perdió el apoyo otomano. Así, los planes de establecimiento de su Dinastía

---

44 El dominio de la Corona de Aragón sobre estos Ducados se mantuvo hasta 1391.

fueron frustrados por el apoyo veneciano, búlgaro y del voluble serbio de Esteban Dušan a Juan V.

Durante el reinado en solitario de Juan V, Bizancio se convirtió en estado tributario del cada vez más creciente Imperio Osmanlí, dirigido por Murad I desde el año 1359. A su muerte (1391), su sucesor Manuel II Paleólogo se vio abrumado por la subida de los impuestos turcos a manos de Bayaceto I. Entre las agobiantes exigencias del ambicioso Sultán, figuraba la de que se posibilitase el asentamiento, en un barrio propio, de mercaderes otomanos en Constantinopla. Como el Basileus, que había sido rehén de los musulmanes, se negó categóricamente a ello, los turcos asediaron Constantinopla como respuesta, aunque infructuosamente[45]. Manuel II viajó en misión diplomática por Roma, Milán, París y Londres sin lograr ayuda militar alguna. Continuando con sus propósitos y liberado de las presiones septentrionales, Bayaceto I atacó la Tesalia y la Península del Peloponeso en el año 1396.

En esta campaña se volvió a asediar la capital de Bizancio. En esta ocasión, Constantinopla fue salvada por los enemigos de los otomanos: Tras seis años de resistencia, las hordas mongolas de Tamerlán[46] vencieron al Sultán Osmanlí en la Batalla de Ankara en 1402, cayendo éste prisionero[47]. De tal forma, durante las siguientes dos décadas, Constantinopla disfrutó de una época de descanso e inactividad bélica frente a la presión militar otomana mientras se producían las subsiguientes guerras civiles por la corona turca.

45*Diehl, Charles. "Bizancio, Grandeza y Decadencia". En *La Decadencia Económica de los Imperios*. Alianza Editorial. Madrid, 1999.

46 Tamerlán: Timur *'el Cojo'*, fue un legendario caudillo de origen turco-mongol, último gran jefe militar nómada del Asia Central. Gran militar, carismático para su pueblo y enormemente feroz, logró crear un imperio de ocho millones de Kmts.^{2} en Eurasia entre 1382 y 1405. El mismo abarcó desde Delhi hasta Moscú y desde la cordillera del Tian Sham en Asia central hasta los montes Tauro de Anatolia.

47*Molina, Luis, "La Desmembración del Imperio Bizantino y aparición de los Mongoles". En *Historia Universal de la Edad Media*. Cap. XXVI. pp. 525-592.

Evolución Territorial del Imperio Bizantino en 1180 y en 1400

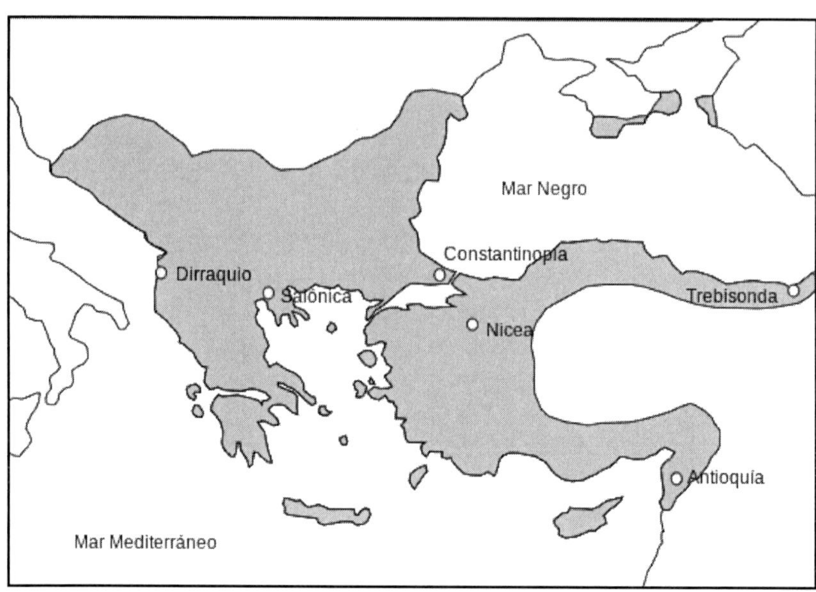

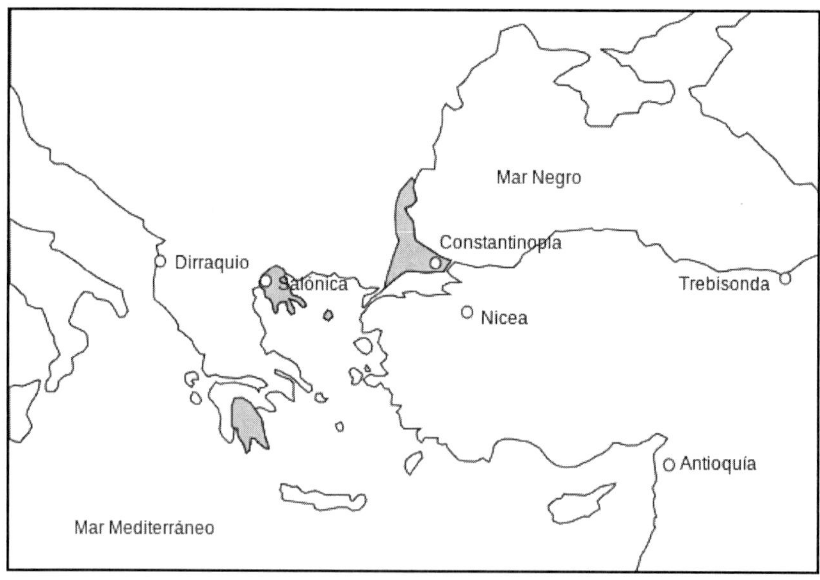

Acabado este periodo, Juan VIII cometió el error de apoyar al rival del Sultán Mustafá Çelebi en una nueva guerra dinástica turca que se produjo en el año 1421. Como el pretendiente fue derrotado y ejecutado en Ulabat (cercana a Bursa —norte de Turquía—), Murad II, resentido, inició una campaña contra Bizancio, en 1422, asediando Constantinopla durante tres meses sin conseguir entrar en ella.

Los siguientes últimos cincuenta años del Imperio Bizantino representan los antecedentes directos a la Caída de Constantinopla, y serán analizados junto a la misma en capítulos posteriores de esta obra. Sin embargo, corresponde aquí adelantar su epitafio:

"Los amores son como los imperios: cuando desaparece la idea sobre la cual han sido construidos, perecen ellos también".

Milán Kundera.

Capítulo II

EL IMPERIO OTOMANO

El nombre de esta gran entidad política que con tan enormes consecuencias ha influido en la historia, deriva del de su fundador, el legendario guerrero turco Osmán, forma turca del nombre árabe Utman, primero de los sultanes de Turquía, instaurador de la Dinastía Osmanlí que gobernará el Imperio durante toda su trayectoria hasta su desaparición tras la Primera Guerra Mundial, ya en el siglo XX.

Durante el siglo XIII, los musulmanes turcomanos Selyúcidas de Bagdad y Konya fueron derrotados por las invasiones mongolas de Gengis Khan, que llegaron a saquear la esplendorosa ciudad de Bagdad en el año 1258, acabando con su hegemonía en Irán. Por su parte, en Anatolia (península que configura la parte asiática de Turquía) varias tribus nómadas turcas formaron un conjunto de pequeños Principados clientelares del Sultanato Selyúcida supérstite de Rum que, a la sazón, era tributario de los mongoles desde el 1243[48]. Con estos antecedentes, la primera organización sociopolítica Otomana se configuró como un pequeño Principado Islámico (*Beylik,* o territorio bajo la jurisdicción de un *Bey* o jefe) emplazado en el noroeste de Anatolia, surgido tras el hundimiento del Sultanato de Rum[49].

Tres fueron los factores que determinaron la subsiguiente ola expansionista otomana: El natural brío del nómada turco, su acrisolada fe en el islam y la aparición en 1302 de la carismática figura de su Caudillo Osmán I.

48*Cahen, C. *La Turquie Pré-Otomanne.* París, 1988.
49 El último Sultán de Rum, Kayqubad III, fue asesinado el año 1308.

Osmán, llamado el *'Gazi'* (*'guerrero de la fe'*), era hijo de Ertoğrul, uno de los jefes militares del Sultán de Rum. Nació sobre el año 1258 en Sogut, al noroeste de Anatolia, cerca de Bursa; siendo en el año 1280 cuando asumió el control de un patrimonio del que él mismo se proclamó Emir en el año 1299. Con el tiempo, consagrado ya como cabeza militar para su pueblo, rompió sus vínculos con Rum y se autocoronó Bey. Además, supo ganarse la lealtad de un gran número de hermandades de luchadores del islam (*Gazis*), consiguiendo de esta forma impulsar la expansión del territorio musulmán a costa de los territorios cristianos. Así, todos aquellos que lo reconocieron como líder indiscutible fueron conocidos con el sobrenombre de Otomanos, o lo que es lo mismo, seguidores de Osmán.

Hay que señalar que los *Osmanlíes*, los cuales aceptaron muy pronto el islam, fueron *Suníes*[50], reconociendo el califato[51]. Por otra parte, Osmán, más allá de sus fervientes ideales propios de los combatientes *Gazi*, entabló lazos de amistad con algunos miembros de la nobleza cristiana de la región, siendo uno de sus más cercanos colaboradores el gobernador griego del castillo de Harmankaya (noroeste de Anatolia), Köse Mihal (Michele Glaber o Miguel el Imberbe). De esta forma, Osmán se presentaba ante los territorios periféricos del Imperio Bizantino como la alternativa a elegir en detrimento de un gobierno central distante que poco hacía por ellos y que, además, estaban sometidos a las presiones y abusos de los funcionarios locales[52]. Así, con la firme intención de aplicar la misma política basada en garantizar la seguridad y prosperidad de los territorios que habían decidido posicionarse bajo su autoridad, y con un ejército musulmán lleno de impulso guerrero, logró arrebatar a los bizantinos Eskişehir, Bilecik, Yarhisar, y Yenişehir.

---

50 Suníes: Grupo mayoritario del islam que además del Corán como libro sagrado, sigue la Sunna, compendio de dichos y hechos atribuidos al Profeta Mahoma.
51*López Pita, P. *Historia del islam medieval*. UNED, Madrid, 2002, pág. 133.
52*Romero, E. y Romero, I. *Breve Historia del Imperio Otomano*. Nowtilus, Madrid, 2017, pp. 30-31.

Entre su toma del poder y su deceso en el año 1326, Osmán I supo asegurarse ricos botines en sus incursiones a territorio cristiano ortodoxo. Este incentivo atrajo a su servicio a miles de nómadas turcomanos y a un gran número de árabes e iraníes que huían de las hordas mongolas y buscaban una prosperidad lograda con el filo de sus espadas en un nuevo y promisorio centro de poder. Con estos elementos, el nuevo Rey configuró las bases de lo que iba a ser un poderoso Imperio.

En 1326, su hijo, Orján I, capturó la ciudad de Bursa (en el norte de Anatolia, justo en el litoral del Mar de Mármara), urbe en la que los Osmanlíes establecieron su primera Capital, siendo esto posible a consecuencia de que el comandante griego de la zona de Bursa estaba descontento por la falta de ayuda por parte de Constantinopla, motivo por el cual decidió unirse al ejército de los turcos. Pero este cambio de bando en beneficio del poder turco no sería el único, produciéndose la adhesión de numerosos pueblos griegos que se encontraban en un estado de absoluto descontento debido a las enquistadas y permanentes intrigas palaciegas y luchas de poder que sumían en la inestabilidad a la capital bizantina.

Paulatinamente, la expansión territorial era cada vez más evidente, y durante la conquista se fueron entregando tierras a modo de feudos (*Sangaq*) cuyos beneficiarios debían contribuir aportando tropas en caso de que fuera necesario. Además de esta organización territorial, Orján reestructuró el ejército mediante la creación de nuevos cuerpos de infantería y caballería. De esta forma, añadió a sus fuerzas un nutrido grupo de mercenarios cristianos organizados en unidades de infantería (*Yaya*) pagadas mediante salarios y botines de guerra. Por otro lado, los nómadas que siguieron al servicio otomano fueron integrados en el cuerpo de caballería (*Müsellems*).

En estos primeros compases de la expansión turca cayeron bajo dominio de Orján I importantes ciudades como Iznik, Nicea e Izmid (Nicomedia).

La derrota del Emperador bizantino Andrónico en Maltepe (Pelecanon) en el año 1329 indujo al viajero y explorador Ibn Battuta a decir a Orján que *"era el más grande de los reyes de los turcomanos"*. Además de estos triunfos en su política expansionista, en su avance por el oeste se harían con el control del estado de los *Qarasi Oglu* y de su capital, Pérgamo, en el año 1336, éxito militar por el cual ganaban un importante valor estratégico al contar con una salida al mar Egeo[53].

Era el comienzo de una gran campaña expansionista, tal que, en el año de 1338, Orján ya había expulsado a los bizantinos de Anatolia. Por otra parte, en uno de esos curiosos giros de la diplomacia, con su poder militar consolidado, en 1347, Orján alquiló a sus Jenízaros como mercenarios al Coemperador bizantino Juan VI Cantacuceno para garantizar sus discutibles derechos al trono en sus disputas con Juan V Paleólogo. Este posicionamiento le permitió acrecer sus territorios a costa de regiones de Tracia (Bulgaria) y Macedonia (Grecia continental).

Esta alianza terminó cuando Orján decidió ocupar el istmo de Gallipoli (actual Gelibolu —Turquía—) en 1353, comenzando así la ocupación otomana del sector de los Balcanes, iniciando su avance hacia el continente europeo. Fue en esta zona donde, con el consentimiento de los bizantinos, se levantó una colonia para facilitar el transporte de efectivos militares destinados a las luchas en Rumelia (*Rumeli*), lo que en turco significa la segunda Roma, haciendo referencia a las tierras griegas de esta región[54]. A causa de esta y otras circunstancias, Cantacuceno perdió el poder imperial. Contra el Emperador vencedor, Juan V, el Bey mantuvo una permanente presión sobre las posesiones bizantinas que quedaban en el continente europeo. En ese intervalo, la gran epidemia de peste negra[55] había cambiado la faz del mundo.

53*López Pita, P. Op. Cit. pág. 133.
54*Romero, E. y Romero, I. Op. Cit. pp. 45-46.
55*Benedictow, O. J. *La Peste Negra (1346-1353). La Historia Completa.* Madrid. Akal, 2011.

Por otro lado, dominados los demás pueblos turcomanos de la península de Anatolia, el conquistador osmanlí entró en la plaza de Ankara (la antigua *Ancyra* grecorromana) en el 1354, obteniendo así el control de un importante enclave económico y comercial.

Murad I Hüdavendiğar, *'el Divino'*, continuó con el engrandecimiento y consolidación del Imperio entre 1359-1362 y 1389, habiendo logrado imponerse a su hermano Halil, gobernador de Nicea, sobre quien los bizantinos habían demostrado su apoyo. En el 1361 conquistó Adrianópolis (actual Edirne), capital de Tracia, que convertirá en su nueva capital. Con este hecho, Murad demostraba su firme intención de convertirse en un soberano europeo, provocando una profunda inquietud en Occidente. Murad remontó el valle del río Maritza (1371) arrasando el Reino de Esteban Dusan, de donde Constantinopla se abastecía de trigo, por lo cual, los bizantinos se vieron forzados a aceptar y reconocer su soberanía, así como sus conquistas[56]. Logró, además, anexionar toda Bulgaria y Serbia quedó sometida a los otomanos, pero mantuvo a su particular monarca, quien reconoció a Murad como gobernador y en Asia Menor obtuvo el Principado de Germiyán mediante presiones políticas combinadas con una hábil política matrimonial.

Por otra parte, logró consolidar su autoridad en Anatolia y no vaciló en continuar sus campañas por los Balcanes, expandiendo sus dominios hasta Toqar. De esta forma, organizó sus nuevos dominios de forma autocrática, pero siempre desde el respeto y la tolerancia que el islam procesaba hacia las gentes del libro (cristianos y judíos), siempre y cuando reconociesen la soberanía musulmana y pagasen los tributos pertinentes. Además, Murad I sustituyó el título de *Bey* por el de *Sultán*, lo que se interpreta como un símbolo de clara intención de comenzar la andadura de una nueva forma de gobierno[57].

56*López Pita, P. Op. Cit. pág. 134.

57*Donad, J., Echevarría Arsuaga, A., Barquero Goñi, C. *Op. Cit.* pp. 253-254.

Estos brillantes logros en su política militar expansionista se deben a los importantes cambios y reformas que introdujo Murad (dcha.) en sus ejércitos. Y es que bajo su mandato, las tropas que conformaban jinetes rápidos destinados a la exploración y a llevar a cabo maniobras rápidas sobre el terreno, fueron sustituidas por un ejército más modernizado. Se crearon así dos cuerpos: los Jenízaros (*Yeniçeri, 'nuevas tropas'*) y los *Spahís* (del turco *'jinetes'*). Los Jenízaros se crearon al inicio del reinado de Murad, tras la toma de Adrianópolis, siendo éstas las primeras unidades permanentes de infantería de Europa, a la vez que fueron de las primeras en emplear armas de fuego con relativa regularidad. Pagados con un salario efectivo regular, los Jenízaros pasaron de ser elegidos en un principio entre los prisioneros de guerra a llevarse a cabo su selección mediante la *Devşirme*, la leva de efectivos procedentes de los Balcanes y, aunque en menor grado, de Anatolia. Por su parte, los *Spahís* se organizaron en grupos de jinetes especializados a los que se les concedían las rentas procedentes de las provincias a cambio de su servicio militar especializado[58].

En cuanto a sus numerosos éxitos militares destaca como el más importante, el acaecido en el año 1387, cuando los turcos consiguieron derrotar a los *Qaramánidas* ante las murallas de la ciudad de Konya (antigua capital de los selyuqíes), logrando así imponerse ante uno de los beylicatos más poderosos del centro-sur de Anatolia.

58*Romero, E. y Romero, I. Op. Cit. pp. 50-51.

Por todo ello, Murad I consiguió ejercer su soberanía sobre una amplia zona geográfica que lo reconocía como líder indiscutible político y religioso. Sus nuevos territorios fueron organizados administrativamente en provincias con sus dominios de dimensiones variables (*Timars*) concedidos a título personal y de carácter revocable a todos aquellos militares y funcionarios fieles a Murad I, con la finalidad de que los explotaran y recaudasen sus impuestos, teniendo que entregar una parte de los mismos al Sultán Murad I. Por ello, debían contribuir con su prestación militar. De tal forma se sentaban las bases de la futura administración otomana[59].

Al final de su gobierno tuvo que hacer frente a una importante rebelión de serbios, eslavos y albaneses que, liderados por el Príncipe Lazar de Rascia, se levantaron contra el vasallaje otomano. Fue el propio Murad quien se encargó de sofocar los disturbios, ocupando Bulgaria y enfrentándose a los serbios rebeldes en 1389 en la llanura de Kosovo, logrando una contundente victoria a costa de su propia vida[60].

El sucesor de Murad I será, pues, su hijo Bayaceto I, conocido como *Yildirim, 'el Rayo'*, pudiendo responder este sobrenombre a la brillantez de sus campañas, a la velocidad con la que tomó el sultanato o por la fuerza de su carácter; aunque probablemente sea por motivo de todas ellas[61].

Lo primero que hizo fue eliminar a su hermano Yakub para asegurarse la exclusividad del poder, teniendo en cuenta que, tal y como sucedía en otros estados islámicos, la normativa otomana no designaba como sucesor al mayor de los hijos. De esta forma, Yakub representaba una seria amenaza que podría haber

---

59*Donado Vara, J., Echevarría Arsuaga, A., Barquero Goñi, C. *La Edad Media: siglos XIII-XV*. Editorial Universitaria Ramón Areces, UNED, Madrid, 2009, pp. 254-255.

60*López Pita, P. Op. Cit. pág. 134.

61*Goodwin, J. *Los señores del horizonte. Una historia del Imperio Otomano*. Alianza, Madrid, 2016, p. 51.

socavado el poder de Bayaceto, ya que pudo haber contado con diversas facciones y sectores del funcionariado que cuestionaran su autoridad y se enfrentaran a sus intereses por hacerse con el poder. Así, el fratricidio cometido por Bayaceto se explica como la solución más rápida y efectiva de eliminar del panorama político a quien representaba una amenaza real para sus intereses como soberano[62].

Durante el sultanato de Bayaceto se reconocieron enfáticamente las virtudes de la guerra *Gazi*, aumentando su fervor religioso-militar y consolidando el profesional cuerpo de los Jenízaros. Asimismo, se estableció un sistema de educación palaciega cuya finalidad era la de formar a los futuros servidores de la Corona, basándose en la lealtad al Sultán; y se elaboró un minucioso catastro en el cual quedaban reflejados datos precisos tales como el censo poblacional, el cálculo de las fuentes de riqueza y los niveles fiscales que podían hacerse recaer sobre cada territorio provincial.

Una de sus primeras acciones al acceder al poder fue sofocar rápidamente los disturbios surgidos en los emiratos de Anatolia que, al conocer la muerte de Murad I, se opusieron a la autoridad otomana. De esta forma, el Karaman se vio obligado a aceptar y reconocer a su nuevo señor, los beylicatos de Saruhan y Aydin fueron completamente sometidos y el territorio de Menteşe duramente castigado y mermado de poder. Por otro lado, el Sultán continuó ejerciendo su autoridad en el oeste de Asia Menor, conquistó toda Bulgaria en el año 1393, se anexionó Tesalia en su avance por Rumelia y reconquistó Tesalónica (perdida en 1387) al año siguiente.

Además, envió expediciones al otro lado del Danubio, logrando saquear Valaquia[63] y el sur de Hungría en el año 1394, provo-

---

62*Romero, E. y Romero, I. Op. Cit. pág. 55.
63 Principado incardinado en la actual Rumanía fundado el año 1330 y en disputa territorial con Hungría en el siglo XX.

cando la reacción ofensiva de un ejército Cruzado que, liderado por Segismundo de Hungría e integrado por franceses, húngaros y Caballeros de Rodas (Sanjuanistas), le hizo frente en las inmediaciones de Nicópolis en el año 1396. En esta batalla los Cruzados sufrieron una derrota aplastante, siendo hechos prisioneros muchos cristianos que fueron llevados a Bursa, donde fueron liberados por mediación francesa a cambio de una importante suma de dinero que alimentó el tesoro del Sultán. Mediante esta victoria en Nicópolis frente a los Cruzados, Bayaceto I lograría alcanzar la fama y el reconocimiento en todo el mundo islámico de la época[64].

En este mismo año de 1394 se produjo también el asedio a Constantinopla por parte de Bayaceto I, manteniendo el estado de sitio cerca de 7 años. No obstante, la ciudad pudo resistir gracias al apoyo de los venecianos, quienes abastecieron a la capital bizantina mediante el suministro de provisiones por medio de sus barcos. En la cima de su poder, en el año 1395, Bayaceto I reafirmó su soberanía como Sultán de sus dominios, enviando para ello una delegación al califato títere de Egipto gobernado por el abasí[65] al-Mutawakkil I, quien lo reconoció como Sultán de *Rûm* (en árabe, '*romano*').

64*López Pita, P. Op. Cit. pp. 134-135.

65 Califato Abasí (750-1258): Dinastía califal que fundamentó su legitimidad en su descendencia de Abbás ibn Abd al-Muttálib (566-652), tío de Mahoma. Los abasíes iniciaron su oposición política en Persia, en el reinado del omeya Úmar II. En el califato del Omeya Marwán II, el Imán Ibrahim (descendiente en 4ª generación de Abbás) se alzó en rebelión, en Kufa (actual Irak) y en la provincia de Jorasán (actual Irán). La revuelta fue sofocada e Ibrahim fue asesinado en prisión en el 747. Sin embargo, la lucha prosiguió dirigida por su hermano Abdal·lah, quien, tras su victoria en la Jornada de Gran Zab en el año 750, se proclamó Califa. En la Península Ibérica, Al-Ándalus se independizó de los abasíes con Abd al-Rahmán I en 756, y en el 776 el norte de África. Al-Mansur, fundó Bagdad (762), que sustituyó a Damasco como capital. La Dinastía alcanzó su mayor esplendor con Harún al-Rashid (786-809), iniciándose, tras su muerte, la fase de decadencia. En el 1258 los mongoles de Hulagu (nieto de Genghis Khan) tomaron Bagdad. Una rama de la dinastía se refugió en el Egipto de los mamelucos, subsistiendo hasta la conquista otomana de 1517.

Se consolidaba así la ideología de gobierno universal bajo un único dirigente político y militar que ya se inició con Murad I[66]. Sin embargo, el omnímodo poder de Bayaceto fue amenazado por el gran Emir turco-mongol Timur, apodado como Lenk *'el Cojo'*, conocido como Tamerlán, quien a sus 62 años decidió abandonar el estado de paz del que disfrutaba en Samarcanda para emprender otras campañas con el objeto de ocupar nuevas regiones.

En su marcha para invadir Siria, en el año 1398, pudo mantener una importante conversación con una delegación de emires exiliados de Anatolia, siendo estos acompañados por los embajadores de Constantinopla, Génova, Venecia y del mismísimo Carlos VI de Francia, siendo el objetivo de estas conversaciones el instar a Tamerlán a lanzar una ofensiva contra el Imperio Otomano. No obstante, el Emir desechó las palabras de esta delegación y no emprendió campaña militar alguna contra el poder turco. Pero Bayaceto no había quedado ajeno ni impasible ante la figura de Tamerlán, a quien trataba con desdén e infravaloraba su figura. Así, en un repentino revés de los acontecimientos, Tamerlán ocupó Sivas (al este de Anatolia) en el año 1399, ejecutando a toda la guarnición otomana[67]. El conflicto entre ambos era, pues, inevitable, por lo que en julio del año 1402, en Çukurova (cerca de Ankara), se libró una gran batalla definitiva para el futuro.

Ante la superioridad numérica y la crueldad que rodeaba a Tamerlán, los contingentes aliados de Bayaceto lo fueron abandonando en los momentos previos a la contienda: Los mongoles y turcomanos fueron los primeros en cambiarse de bando, para combatir junto a sus compañeros; las tropas europeas guiadas por Solimán Çelebi, hijo de Bayaceto, huyeron; la misma decisión de fuga tomaron los guerreros de Amasya, dirigidos por el Príncipe Mehmed.

66*Romero, E. y Romero, I. Op. Cit., pp. 57-58.
67*Goodwin, J. Op. Cit. pág. 56.

Finalmente, incluso los serbios del *Knez* (Príncipe) Stefan Lazarević, uno de los más fieles aliados del Sultán, abandonaron el campo de batalla. Llegado el momento del choque, Bayaceto pudo contar únicamente con un reducido número de leales Jenízaros que le permanecieron fieles. Derrotado de forma contundente, Bayaceto fue hecho prisionero, siendo tratado de forma correcta hasta que su arrogancia acabó con la paciencia de su enemigo Tamerlán, quien lo encerró en una pequeña jaula y lo denigró utilizándolo como apoyo para subir a su montura.

Tras esta victoria, Tamerlán lanzó una ofensiva contra Esmirna, ciudad cristiana perteneciente a los Caballeros Hospitalarios de Rodas y que los otomanos nunca habían logrado tomar. Construyendo un ingenio de asedio de madera y cubierto con pieles, la ciudad cayó en manos del Emir turco-mongol en diciembre del año 1402, por lo que Tamerlán podía considerarse dueño de toda la península Anatolia. De regreso a Samarcanda, Bayaceto falleció (al parecer de una embolia) en la ciudad turca de Akşehir en marzo de 1403, siendo su cuerpo enterrado en Bursa con todos los honores que un gobernante que su talla merecía[68].

Entre los años 1402 y 1413, se produjo una fase de interregno con todas las características de una guerra civil y que supuso que todos los avances del Imperio Otomano quedasen en suspenso dadas las graves crisis internas, siendo la derrota en la batalla de las cercanías de Ankara lo que marcaría el inicio de este periodo de inestabilidad.

Sin embargo, los enemigos del poder otomano no se caracterizaron por su unidad, y su fragmentación y dispersión en diferentes focos y frentes fue la causa por la cual el poder otomano pudo sobrevivir y resurgir con renovadas fuerzas. Tras el desastre militar de Çukurova, uno de los hijos de Bayaceto I, Solimán *Çelebi* (*'el Caballero'*), quien custodiaba el tesoro de su padre, pudo escapar hacia Occidente cruzando los Dardanelos.

68*Romero, E. y Romero, I. Op. Cit. pág. 63.

Solimán era el mayor de los hijos del ya fallecido Bayaceto, pero contaba con varios hermanos más: Mustafá, desaparecido durante la Batalla de Çukurova, en Ankara; Isa, quien se instaló en Bursa; Musa, que acabó como vasallo de Tamerlán tras haber pasado un tiempo siendo su prisionero junto a su padre; Mehmed, que bajo la protección de su tutor Bayaceto Pachá se instaló en Amasya, al noroeste de Ankara y, por último, Fátima y el menor de todos los hermanos, Kasim, ambos retenidos como rehenes por Bizancio.

Teniendo presente la situación de todos ellos, Solimán se posicionaba como el heredero propicio del malogrado poder turco que una vez detentara su padre. Pero a Mehmed, aunque trabado en combate contra líderes tribales de la región, también le seducía la idea de recomponer el Imperio bajo su gobierno. Tanto es así, que Mehmed no tardó en desplazar a su hermano Isa, a quien derrotó en 1403, provocando su huida hacia Karaman sin saberse nada más de él. Aprovechando este éxito inicial, Mehmed adoptó el título de Señor de Asia.

Estos hechos provocaron en Solimán su definitiva reacción quien, habiendo reforzado su posición en Europa, cruzó de nuevo el estrecho de los Dardanelos en el año 1406 para hacer frente a su hermano y disputarle la soberanía del Imperio que ambos trataban de reconstruir. De forma enérgica y agresiva, Solimán recuperó Ankara y los tres principados serbios de la región (gobernados por los hermanos Stefan Lazarević, Vlk y Đurađ Branković).

Como respuesta a estas acciones, Mehmed no dudó en instar al Príncipe Musa a atacar a su hermano Solimán por la retaguardia desde Valaquia, en una acción conjunta llevando a cabo una estrategia ofensiva en tenaza que acabara con las fuerzas de Solimán. Ante esta doble amenaza estratégica, Solimán cometió el error de subestimar las fuerzas enemigas, provocando la deserción de numerosos efectivos militares de su bando y forzando su huida.

Finalmente, en febrero de 1411 Solimán murió de forma violenta; lo que aún no se sabe con certeza es si su muerte aconteció durante su huida o una vez hecho prisionero y ejecutado por su hermano.

Esta guerra civil enfrentaba a un reforzado Musa contra su hermano Mehmed, quien contaba con el apoyo de Çandarli Ibrahím Pachá. Éste pertenecía a una influyente familia de la corte otomana, ligada a las esferas de influencia bizantina, además de gozar de una posición diplomática ventajosa con Venecia, los Caballeros de San Juan, los venecianos, genoveses, griegos y eslavos del Egeo y los Balcanes e incluso con las cortes europeas de Roma, Francia, Borgoña y Hungría.

Frente a este desmesurado poder e influencia, Musa poco pudo hacer, siendo finalmente derrotado en julio de 1413 al norte de Sofía (Bulgaria). Capturado tras su derrota militar, Musa fue estrangulado por orden de su hermano Mehmed. Tras esta victoria, la guerra civil se daba por concluida y Mehmed se presentaba como único Sultán del maltrecho Imperio Turco.

Cabe señalar que, en el contexto militar de la época que comprende el final del siglo XIV y los inicios del XV, surgió una nueva unidad que se incorporará a los ejércitos turcos de la época: Los llamados *Akinci* (*'merodeadores'*). Estas tropas se caracterizaban por realizar rápidas incursiones para reconocimiento del terreno y distraer la atención de las tropas enemigas para facilitar el factor sorpresa y el avance del grueso del ejército. Los *Akinci* estaban integrados por jinetes ligeros, tanto musulmanes como cristianos, al servicio de los *Uc Bey*, o señores de la frontera, a los que se les puede considerar como la aristocracia turca formada por los descendientes de los fieles más cercanos a Osmán y que ahora estaba al frente de las provincias de los Balcanes (voz derivada del turco *Balkan, 'montaña'*). Los *Akinci* no recibían un pago por sus servicios militares, pero podían saquear y apropiarse del botín (ya fuera tesoro o esclavos) que lograran obtener de sus asaltos y escaramuzas.

Por su parte, una de las principales obligaciones que los *Uc Bey* debían cumplir era la de apoyar con armas al Sultán en sus campañas fronterizas siempre que fueran convocados para ello, siendo los *Akinci* la principal aportación de estos señores[69].

Mehmed I, considerado como el quinto Señor de la Dinastía, logró cierta estabilidad tras el cruento periodo de guerra civil. No obstante, tuvo que afrontar serios problemas que amenazaron el sultanato. La primera vino de su hermano Mustafá (apodado *'Düzme'* —*'Impostor'*—, ya que no se le consideraba descendiente de Bayaceto). Desde Asia Central se esforzó por arrebatarle el trono a su hermano, pero fracasó y fue hecho prisionero por los bizantinos que, previo acuerdo con Mehmed, lo mantuvieron en cautiverio a cambio de una generosa recompensa. Por otro lado, el Sultán tuvo que sofocar una serie de revueltas populares de diferentes características. La más violenta de ellas surgió en la península de Karaburun, en la costa egea de Anatolia, encabezada por el predicador derviche[70] Bürklüce Mustafá quien, según el cronista griego Doukas, era defensor de la pobreza, la propiedad comunal de bienes, y el hermanamiento entre fieles de diversas creencias. La revuelta de Bürklüce no fue sofocada hasta que el Visir Bayaceto Bajá, por orden de Mehmed I, la aplastó brutalmente ejecutando al líder de la rebelión y a sus derviches en Éfeso. Otra de estas revueltas fue promovida por el jurista y místico Seyh Bedreddin en Dobruca, al noreste de Bulgaria, y en Deli-Orman, zona fronteriza con la Rumelia del mar Negro. Bedreddin reclamaba el sultanato alegando su supuesta descendencia de los selyuquíes, se atribuyó el título de *'Mahdi'* a modo de nuevo mesías con la autoridad moral y religiosa suficiente como para reformar los principios en los que se basaba el islam.

69*Romero, E. y Romero, I. Op. Cit. pp. 63-67.

70 Derviche: Es una Cofradía musulmana ascética, sufita mendicante. La primera de estas tariquas históricamente referenciada es la Qadiriyya, que se remonta al 1166, siendo fundada por Abd al-Qádir al Yilani. Fieles a su voto de pobreza, el fruto de su mendicidad se destinaba a auxiliar a los pobres. El grupo derviche de los Bektashi está vinculado a los Jenízaros y a los Senussi.
*Birge, John K. *The Bektashi Order of Dervishes.* Londres, 1937.

Además, su levantamiento se apoyó en los funcionarios y feudatarios de Musa. Sin embargo, su movimiento popular no triunfó, siendo ahorcado en la plaza del mercado de Serres (Grecia) en 1420, muriendo con él su particular ideal revolucionario.

Además de estas dos importantes rebeliones, las fuentes parecen señalar otra liderada por un judío converso llamado Torlak Kemal Ku, en la provincia de Saruhan (Anatolia Occidental), que tampoco tuvo éxito en sus pretensiones. Estas revueltas son consecuencia clara de la inestabilidad e inseguridad provocadas tras la derrota de Ankara en 1402, tras la cual se fue gestando todo ese malestar que ahora estallaba en forma de rebeliones[71]. Del mismo modo, Mehmed tuvo que enfrentarse al poder de varios príncipes turcomanos que se habían recuperado tras la Batalla de Çukurova, en Ankara, de su merma de poder. Estos príncipes no eran otros que los gobernadores de Karaman, Aydin, Saruhan, los Isfendyaroglu de Sinope, y el señor de Esmirna, Cunayd. Además, sus enfrentamientos con Venecia fueron constantes, finalizando éstos en el año 1419 mediante un acuerdo recíproco en donde se determinaban las ciudades y puertos destinadas al comercio de ambos estados.

Mehmed I pudo llevar a cabo, a pesar de todos estos factores a los que tuvo que hacer frente, una política expansionista que dio como resultado la conquista de Vlora y Gjirokastra, en Albania. Ocuparon territorios en Bosnia, habiendo tomado el relevo de los angevinos en su lucha contra el monarca húngaro; lograron alcanzar el oeste de Transilvania tras cruzar el Danubio en 1419; y ya en 1420 el poder turco se hizo con el control de la ciudad de Samsun, en Asia.

A pesar de estas vicisitudes y sediciones, el Imperio otomano alcanzó grandes logros y conquistas debido a una administración y un ejército centralizados y eficientes.

71*Imber, C. *El Imperio Otomano. 1300-1650*. Byblos, Barcelona, 2005, pp. 40-43.

Ello, era debido a que ambas estaban basadas en los *Kul* (*'Esclavos'*), es decir, en los individuos reclutados mediante el sistema de la *Devşirme*, ya empleado en tiempos de Murad I. Este sistema de reclutamiento alcanzó con Mehmed I su plenitud, proporcionando al estado otomano funcionarios y militares de calidad, criados e instruidos en palacio. Este sistema basado en los *Kul* se mantuvo, prácticamente sin cambios, hasta finales del siglo XVI.

En el año 1421, Mehmed I sufrió una caída de su caballo, provocándole una hemiplejia que le causó la muerte. La sucesión recayó sobre su hijo Murad, con quien el Imperio otomano continuaría su expansión y consolidación[72].

Murad II heredó de su padre un Imperio Turco cuyas profundas heridas tras la guerra civil habían sido ya sanadas. Pero tras su llegada al poder, el estigma de las luchas dinásticas volvió a ensangrentar al Imperio. Y es que los bizantinos, en hábil movimiento con la intención de debilitar al poder turco, liberaron al Düzme Mustafá, tío de Murad II, quien había permanecido como prisionero en Tesalónica. A pesar de ser derrotado con facilidad, las luchas dinásticas no cesaron, siendo ahora su hermano Mustafá quien le disputó el trono, corriendo éste la misma suerte que su tío al ser vencido por el nuevo gobernador. Una vez afianzada su posición en el trono, Murad II castigó la actitud de Bizancio, asediando Constantinopla en el año 1422, aunque sus infranqueables muros aseguraron la inexpugnabilidad de la ciudad provocando la retirada de las tropas de Murad, firmándose la paz en 1424.

Los éxitos de sus conquistas y de su política expansionista comenzaron a cosecharse en Anatolia. Estas se realizaron con el sometimiento de sus principados por medio de éxitos militares (Isfendyaroglu de Sinope), a través de alianzas matrimoniales (Karaman), y por derechos hereditarios (Germiyán).

72*Romero, E. y Romero, I. Op. Cit. pp.68-70.

De igual forma, con la derrota y ejecución de Cunayd, logró someter Aydin y Esmirna. Su enfrentamiento con la '*Serenísima República*' por Tesalónica, le llevó a atacar sus puertos del Adriático y el Egeo, Murad II conquistó la ciudad en 1430 y obtuvo la paz con Venecia en 1432. Tras la muerte de Segismundo de Hungría en 1437 y la toma de Semendria (hoy Smederevo) dos años después, Murad II consolidó su soberanía en la región.

Sin embargo, Murad II encontró un duro oponente en la persona de Juan Hunyadi, afamado adalid húngaro de noble familia transilvana que organizó una fuerte resistencia en contra del poder turco[73]. De esta forma, las tropas lideradas Juan Hunyadi y sus aliados lograron exitosos avances en territorio otomano. Estas campañas militares en menoscabo del poder de Murad II no llegaron a modificar significativamente las fronteras de sus dominios, pero provocaron el enfrentamiento abierto entre los *Uc Bey* y los *Kul*, en quienes el Sultán había depositado su confianza tanto en el ámbito político como militar. Finalmente, en agosto del año 1444 se firmó en la ciudad húngara de Szeged un acuerdo que calmaría la situación de inestabilidad padecida hasta el momento, alcanzando la paz con Hungría y reconociéndose a Serbia como estado independiente. De igual modo, Murad pondría fin a otro peligroso foco de amenaza firmando la paz con su principal enemigo en Anatolia, el principado de Karaman.

Finalmente, Murad II logró estabilizar sus fronteras europeas y asiáticas. Por ello, aprovechando la estabilidad del Imperio, decidió de forma repentina abdicar en su hijo Mehmed[74].

---

73 Segismundo de Hungría intentó en 1425 reivindicar sin éxito su poder en oposición al Imperio Turco. Incluso creó en 1408 la Orden del Dragón para combatir a turcos y herejes, a la cual perteneció Vlad Drakul, el cual tuvo que enviar a Estambul a sus hijos como rehenes: Radu el Hermoso y Vlad, conocido como *'Drácula'*.

74 Las razones por las cuales Murad II decidió abdicar en su hijo no están del todo claras. Algunas fuentes señalan que la decisión fue provocada por la situación de descontento entre los *Beys* y los *Kul*, lo que provocó una situación de inestabilidad política cuya solución pasaría por la abdicación del sultán; otras aluden a un profundo pesar emocional tras la muerte de su hijo Alaeddin.

Pero la situación de inestabilidad interna, que amenazaba seriamente el equilibrio político alcanzado, sumado a las amenazas procedentes de occidente, obligaron a Murad II a descartar la idea de abdicación y volver a tomar las riendas del Imperio. De esta forma, hubo de enfrentarse a los Cruzados en la Batalla de Varna (Bulgaria) en noviembre de 1444, donde el Cardenal Cesarini, impulsor de la Cruzada, encontró la muerte. Con esta victoria Murad II puso definitivamente los Balcanes en manos del poder otomano.

Tras enviar al Príncipe Mehmed como Gobernador a Manisa (provincia de la Anatolia centro-occidental), Murad II volvió como Sultán del Imperio. Asegurada la paz con la República de Venecia en 1446 y sometida la región de Morea del déspota Constantino al año siguiente. Murad II tuvo que enfrentarse a Juan Hunyadi (dcha.) quien, siendo regente de Hungría desde 1446, resucitó el espíritu de la guerra volviendo a la carga contra los turcos con la firme intención de expulsarlos de Europa.

Así, en 1448, se produjo la Batalla de Kosovo Polje donde Murad II salió victorioso sobre sus enemigos húngaros. Finalmente, en febrero de 1451 Murad II, afectado por una parálisis, falleció. Tras su muerte, quedaba claro que el Imperio Otomano tenía la férrea intención de permanecer en Europa a cualquier precio[75].

75*Romero, E. y Romero, I. Op. Cit., pp. 70-78.

La sucesión en la Corona recayó sobre su hijo, de tan sólo 19 años de edad, Mehmed II *el-Fātih, 'el Conquistador'.* Su primera medida habría de ser la ejecución de su plan de la Conquista de Constantinopla, consumado en 1453, como veremos después.

Mehmed II gobernó sobre un Imperio estable y bien organizado. El poder otomano ejercía su soberanía en los Balcanes y en Rumelia, el poder de Bizancio había quedado críticamente debilitado, Serbia estaba sometida, la pequeña república dálmata de Ragusa tributaba anualmente en beneficio del Sultán y, tanto Valaquia como Hungría habían visto bloqueadas sus aspiraciones territoriales. Por otra parte, el problema relacionado con los *Uc Bey* fue completamente resuelto, siendo integrados en las filas del Imperio. Además, el cuerpo de Jenízaros, que había sido controlado en favor del gran visir Çandali Halil Pachá (contrario a la política agresiva de Mehmed), fue apaciguado y atraído de nuevo hacia el favor del Sultán por medio de un *"regalo por el glorioso advenimiento"*, importante donación que Mehmed II realizó para conseguir la lealtad de estos guerreros[76].

Por otro lado, para asegurar sus fronteras dirigió una campaña contra Karamania, obligándoles una vez más a aceptar la soberanía otomana; al mismo tiempo, Mehmed firmó tratados con Jorge Branković de Serbia y Juan Hunyadi, Regente de Hungría, evitando así cualquier amenaza que pudiera surgir por parte de ambos[77]. De igual forma, para consolidar su poder en el trono imperial, Mehmed II llevó a cabo una purga dinástica eliminando así a todo aquel que pudiera disputarle el poder. Así, su hermano menor Ahmed fue condenado a muerte; sus primos fueron desplazados, siendo Orhan enviado a Bizancio a cambio de una cuota anual pagada por el *Basileus*, y Davud huido a Nápoles donde acabaría sus días. Así, Mehmed eliminaba toda posible oposición que pudiera surgir desde el seno del Imperio[78].

76*Ibídem. pp. 79-81.
77*Imber, C. Op. Cit, pp. 51-52.
78*Romero, E. y Romero, I. Op. Cit, pág. 80.

El Mundo Mediterráneo en 1450 por Teresa Andrés

Al año siguiente, en 1452, habiendo asegurado sus fronteras y afianzada su posición en el trono del Imperio, Mehmed II comenzó la consecución de su plan para conquistar Constantinopla, avisando de que, *"quizás Constantinopla pueda levantar a todo Occidente contra nosotros, el océano y Marsella, y las Galias occidentales, los pobladores de los Pirineos y de España, los del Rin, los celtas... y los germanos"*[79].

Su primera acción fue levantar, junto al lugar más estrecho de la costa europea del Bósforo, el alcázar[80] Hisari Rumeli, frente a la costa asiática en donde se hallaba la Anadolu Hisari, fortificación levantada en tiempos del Sultán Bayaceto. De esta forma, Mehmed se aseguraba impedir el paso de embarcaciones que acudieran en socorro de la ciudad.

Además del cerco marítimo, el Sultán tenía preparada una innovación militar que asombraría a toda Europa, habiendo contratado los servicios del húngaro Urban para fundir una enorme bombarda con la que batir los muros de las murallas de Constantinopla. Así, a principios de la primavera de 1453, Mehmed II desplegó sus tropas frente a las dobles murallas de Constantinopla y ubicó su descomunal pieza artillera que no tardó en comenzar a abrir fuego. Ante semejante amenaza, los bizantinos tomaron todas las medidas defensivas posibles.

Asimismo, solicitaron urgentemente la ayuda de los países europeos. El Basileus Constantino XI Paleólogo ordenó cerrar el '*Cuerno de Oro*' con un sistema de cadenas de hierro que evitaban la llegada de los barcos otomanos. Ante este ingenioso mecanismo de defensa, Mehmed II respondió con la misma brillantez trasladando sus navíos por tierra, transportándolas sobre planchas de madera por la península de Pera. De esta forma, el 23 de abril toda la flota turca llegó a la bahía deslizándose sobre

---

79*Goodwin, J. Op. Cit, pág. 63.

80 Este Alcázar o fortaleza musulmana fue la primera de la historia con capacidad eficaz para emplazar piezas de artillería.

troncos engrasados. Tras seis semanas de intensa lucha, un exhausto Bizancio falto de alimentos y sin recibir de Europa el apoyo solicitado, rendía Constantinopla el 29 de mayo de 1453. Tras un asedio de 59 días, el joven Mehmed II tomaba la legendaria ciudad a sus 21 años de edad.

Rendida la ciudad, Mehmed II entró la iglesia de Santa Sofía y reconoció al Patriarca de la Iglesia Ortodoxa, concediendo a los griegos una libertad religiosa condicionada. Después de la conquista, la nueva capital pasó a llamarse Estambul (derivada del griego *Istinpolin*), donde se construyó el palacio de Topkapi. Paulatinamente, la ciudad fue recobrando su dinámica aportando al Sultán un enclave de primer orden entre Europa y Asia[81].

Entonces, Mehmed II desarrolló otra guerra contra el Reino de Hungría, esta vez, por la disputa sobre el dominio de Serbia. Al frente de un ejército de 60.000 hombres y 200 naves fluviales, marchó para asediar Belgrado. Tras su primera victoria en Krusevac (1454), el 14 de julio de 1456, Hunyadi rompió el cerco con sus fuerzas y reforzó la defensa de la ciudad. Una semana después, los turcos levantaron el asedio. Sin embargo, entre 1460 y 1479 Mehmed II conquistó Bosnia, Serbia, Grecia, la isla de Eubea y Montenegro. En estos años una pesadilla atribuló al Sultán: Vladimir III Tepes *'Drácula'*, Rey de Valaquia y Transilvania.

En el año 1461 los turcos atacaron Transilvania y Valaquia siendo derrotados a orillas del Danubio por Vlad *'Drácula'*, *'Hijo del Dragón'*. Al año siguiente, Vlad empaló a 23.000 prisioneros otomanos. Aún se cuenta que todo un bosque fue talado para obtener las estacas necesarias para las ejecuciones y que el valle quedó cubierto por una selva de agonizantes supliciados. Ese año el Imperio Otomano reaccionó atacando Valaquia y conquistó Tirgoviste. Vlad permaneció cautivo hasta 1475, cuando recuperó el trono, pero era el final. El día de San Silvestre de 1476,

---

81*López Pita, P. Op. Cit, pp. 136-137.
Más información sobre la caída de Constantinopla ver Cap. IV de este libro.

'Drácula', murió en combate defendiendo su Reino. Cayó al frente de su brava y leal Guardia Moldava, de sólo 200 efectivos, luchando contra miles de otomanos en una acción tan desesperada como gloriosa.

Tras el envenenamiento de Mehmed II por su médico Yakup Paşa, agente veneciano, fue sucedido por su hijo Bayaceto II (reg. 1481-1512). Al término de su reinado, tras numerosas campañas militares de mayor o menor éxito, se había logrado consolidar, las fronteras del Imperio hasta comprender, en Europa, la mayor parte de las tierras entre el Danubio y el Sava en el norte, dominado por el sur el Peloponeso; en Asia Menor, se incorporaron amplias zonas de la costa del Mar Negro, el alto valle del Éufrates y el antiguo emirato de Karamania. La consolidación de sus dominios en Europa y Asia constituyó el núcleo del Imperio Otomano en los siglos siguientes[82].

Bayaceto II consolidó los logros de Mehmed II y luchó contra las tendencias occidentalistas como islamista ortodoxo suní. A pesar de ser considerado como un Sultán pacifista, los inicios de su gobierno estuvieron marcados por un periodo de guerra civil enfrentado a su hermano Djem. Finalmente, tras ser derrotado y frustrados sus intentos de refugio en Egipto y entre los Caballeros de San Juan, y habiendo sido objeto de tratados diplomáticos por parte de Francia y hasta por el Papa, Djem falleció en Capua en 1495. Posiblemente, se trató de otro envenenamiento orquestado en esta ocasión por el Papa Alejandro VI Borgia, o bien, según las fuentes oficiales de la época, a causa de una neumonía[83].

Tras superar con éxito este conflicto dinástico, Bayaceto II trató de consolidar las conquistas que Mehmed II había alcanzado. En política interior, el nuevo Sultán actuó con precaución ante la situación de malestar y descontento de sus súbditos. Esta desazón se debía a las severas restricciones económicas impues-

82*Imber, C. Op. Cit, pp. 53-64.
83*Romero, E. y Romero, I. Op. Cit, pp. 96-98.

tas por su padre con el fin de financiar sus campañas militares. Por otro lado, como consecuencia de su religiosidad, los *Ulemas* islámicos obtuvieron un importante papel en la lucha por la contención de la europeización cultural.

En 1483, Bayaceto logró culminar la conquista de los Balcanes con la ocupación de Herzegovina, controlando además las rutas comerciales del norte de Europa a través del Danubio y del Mar Negro. Años más tarde, en 1499, Bayaceto II se vio inmerso en una guerra contra Venecia de la cual obtuvo grandes beneficios, ya que logró el control de todas las bases que los venecianos tenían repartidas por el Peloponeso. Por otra parte, desde el año 1503, hubo de enfrentarse a diversos príncipes locales que, aprovechando la subida al trono de los safávidas[84] liderados por el *Sha* Ismaíl I y sus guerreros de élite *Kizilbaş* (*'cabezas rojas'*, llamados así por los otomanos debido a sus turbantes rojos) en la Persia chiita, deseaban lograr su independencia del poder turco otomano[85].

Ante esta nueva amenaza que entrañaban los *Safawíes*, Bayaceto II se mostró reacio a contestar de forma contundente debido a su vejez y enfermedad. Esta situación de debilidad provocó una grave crisis interna que enfrentó a sus hijos, Korkud, Ahmed y Selim, en una cruenta lucha por la sucesión en el poder.

A esta situación de lucha dinástica, se le sumó el problema de una importante rebelión en Teke (suroeste de Anatolia) protagonizada por el *Safawí* Sha Kulu, la cual perdió fuerza al morir su cabecilla pero que no pudo ser reprimida con suficiente contundencia por parte ni de Korkud ni de Ahmed, quienes perdieron influencia y poder de cara a la sucesión del trono imperial. Ante esto, en abril de 1512 Selim se presentaba como el candidato

---

84 Teocracia fundada por Ismaíl I, fue el más grande Imperio iraní desde el advenimiento musulmán en Persia. Su rama islámica era la chiita por lo que se mantuvieron en permanente enfrentamiento con los Suníes osmanlíes.
85*López Pita, P. Op. Cit, pág. 137.

más fuerte y mejor posicionado para obtener el control del Imperio, contando además con el apoyo del cuerpo de Jenízaros, por lo que Bayaceto abdicó en su favor antes de su muerte en el mes de junio de ese mismo año[86].

En efecto, tras este conflicto dinástico, Bayaceto II fue sucedido en el año 1512 por su hijo Selim I, apodado *Yavuz* (*'el Inquebrantable o el Resuelto'*), para quien el apoyo brindado por los Jenízaros fue decisivo en su ascenso al poder. Tras asesinar a sus hermanos Ahmed y Korkud, acabar con la vida de sus nietos, y perdonar la vida únicamente a uno de sus cuatro hijos, Solimán, su primer objetivo fue asegurar su dominio sobre los chiitas[87] iraníes. De esta forma, inició una campaña militar con la firme intención de acabar con la presencia en sus dominios de los *Safawíes* y sus partidarios imponiendo su fe Suní. Así, tras la aplastante victoria de Selim I y su artillería en Çaldiran (Azerbaiyán) en agosto de 1514, el nuevo Sultán fue diezmando el poder del *Sha* Ismaíl I hasta lograr la completa aniquilación de los *Safawíes* en el verano de 1516.

La capitulación de la ciudadela de Mardin pondría punto y final a la campaña militar, extinguiéndose por completo el dominio *Safawí* en el sudeste de Anatolia, proporcionado al Imperio Turco una amplia frontera con los reinos mamelucos de Siria[88]. Por otra parte, en el año1516, Selim I cobró las aplastantes victorias de Marj Dābiq (Alepo) y Raydāniyya (Egipto) sobre los mamelucos[89]. De esta manera se logró la ocupación de Siria y

---

86*Imber, C. Op. Cit., pp.71-72.

87 El año 632 falleció Mahoma disputando el califato dos pretendientes, Abú y Alí, marido de su hija Fátima. Venció Abu que apoyado directamente en las palabras de Mahoma dio lugar a la ortodoxia sunita, mientras que los seguidores de Alí (Shiat Alí) originaron la corriente renovadora o chiita.
Baquero, A. "¿Conflicto sin Fin?*". En Historia *y Vida* Nº 557, pág. 66.

88*Imber, C. Op. Cit, pp. 73-75.

89 Mamelucos: El Sultán Saladino conquistó Egipto el 1169. Tras ello incluyó entre sus efectivos unidades compuestas de efectivos locales. Islamizados, se distinguieron por su combatividad. El sucesor de Saladino, Al-Malik, continuó la idea refor-

Egipto, Líbano, Palestina y Jerusalén[90]. Al año siguiente ocupó los lugares sagrados de La Meca y Medina, en la Península arábiga, y Argelia en 1519[91].

En 1520 Selim I cayó enfermo, falleciendo en septiembre del mismo año a causa de unos bubones provocados probablemente por la peste. De esta forma, alcanzó la Corona su único hijo superviviente Solimán I *'el Magnífico'*, produciéndose una sucesión pacifica al no tener hermanos ni parientes que le disputaran el trono (recordemos que Selim ya se había encargado de realizar la purga necesaria para asegurar la sucesión de hijo predilecto).

Este extraordinario Caudillo dirigió una primera campaña contra el Rey Lajos de Hungría, quien trató con desprecio a la embajada enviada por el nuevo Sultán para reafirmar los tratados de su padre, capturando la ciudad de Belgrado en agosto de 1521. Al año siguiente, Solimán logró la capitulación de Rodas, obligando a los Caballeros de San Juan a abandonar la isla. De tal forma, los Sanjuanistas establecieron su nueva base en el archipiélago de Malta, desde donde continuarían con su hostigamiento contra los navíos musulmanes[92].

Habiendo capturado Belgrado y Rodas, Solimán I alcanzó una posición estratégica ventajosa para volver a cargar contra Hungría. En esa campaña derrotó a los húngaros del Rey Lajos en la Batalla de Móhacs el 29 de agosto de 1526, victoria que le per-

---

zando la unidad. El 1187, tomaron Beirut iniciando la conquista del Líbano. En 1249, los mamelucos constituyeron un Sultanato independiente en Egipto, Palestina, Siria y las costas del Mar Rojo. 54 Sultanes los gobernaron a lo largo de su historia. Hasta 1382 Reinaron los Bahríes (turcomanos). Desde 1382 hasta la ocupación Otomana de 1517, Rigieron los Burŷíes (caucasianos). El 1290 los mamelucos completaron la ocupación de Tierra Santa tomando Jerusalén y San Juan de Acre. El 1400 Tamerlán les causó grave daño. Durante los siglos XV y comienzos del XVI perdieron el control del tráfico comercial con Asia. El final de su Dinastía llegó con la derrota de 1517 frente a las fuerzas de Selim I, Sultán del Imperio Otomano.

90*Romero, E. y Romero, I. Op. Cit., pp. 108-110.

91*Kitsikis, D. *El Imperio Otomano*. Fondo de Cultura Económica. México, 1989.

92 Ver Parte II de este libro.

mitió apoderarse de los Balcanes. Una vez más, la artillería turca se impuso en el campo de batalla ante una caballería pesada magiar que no supo responder frente al atronador poder de sus enemigos[93].

En 1529, inmerso en un conflicto dinástico por la sucesión al trono de Hungría entre Fernando de Habsburgo y el húngaro Juan Zápolya, Solimán I asedió Viena sin éxito, siendo derrotado por el Emperador Fernando I, hermano de Carlos V. El conflicto finalizó con un tratado firmado en 1533 mediante el cual se reconocían tanto a Fernando I como a Juan Zápolya como gobernadores de sus respectivos territorios en Hungría y como tributarios otomanos.

En 1534 anexionó al Imperio los territorios del actual Irak y Argel reafirmando el control turco en el este del Mediterráneo y potenciando la actividad de los corsarios Berberiscos[94]. Solimán era consciente de que el poder de las flotas cristianas combinadas podría arrebatarle el control del mar Mediterráneo, razón por la cual pudo contar con la colaboración de Hayreddin *'Barbarroja'*[95], que se trasladó desde Argel para servir como Almirante del Sultán turco. La tenaz actividad de los hermanos *'Barbarroja'* hostigó las costas del levante del Mediterráneo.

En la década del año 1540, el conflicto entre Otomanos y los Habsburgo se reanudó, teniendo como escenarios de contienda a Hungría, agitada por la sucesión tras la muerte de Juan Zápolya, y el Mediterráneo, enfrentando a las diferentes flotas por el dominio de estos mares. Finalmente, la paz llegó en el año 1547 con la firma de un tratado que garantizaba el *statu quo* territorial entre Solimán y Carlos I de España y Fernando I Habsburgo del Sacro Imperio.

93*Montaña Jou, D. *Seiscientos Años de Artillería*. Seix Barral. Barcelona, 1942.
94*Lorente, Jesús. *Los Tercios en el Mediterráneo. Sangre Española en Defensa de Occidente*. Editorial EAS, Biblioteca Hoplon. Alicante, 2019.
95*Bunes Ibarra, Miguel Ángel. *Los Barbarroja, Corsarios del Mediterráneo*. Alderaban. Madrid, 2004.

A partir de 1550, los intereses de Solimán continuaron chocando con las Españas y la monarquía francesa, produciéndose alianzas no muy estables entre unos y otros basadas en los intereses personales de cada una de las potencias, dando lugar a numerosos conflictos por todo el Mediterráneo. Finalmente, en 1556 Carlos I abdicó en su hijo Felipe II, quien firmó en 1559 la paz de *Cateau-Cambrésis*[96] con el monarca francés Enrique II, pri-vando de esta forma a Solimán de un aliado contra España. De tal manera, Felipe II conseguía poner fin a las hostilidades entre España y Francia, permitiéndole hacer la guerra contra los oto-manos sin el temor de una respuesta ofensiva de Francia.

A partir de 1562 las fuerzas físicas y mentales de Solimán I comenzaron a menguar, siendo significativo en 1565 el fracaso del Gran Asedio de Malta[97].

Finalmente, con la mayor parte de sus fuerzas destinadas en la campaña de conquista de la isla de Malta, Solimán dedicó un último esfuerzo expansionista en Transilvania, muriendo en el campo de batalla durante el sitio a Szigetvár en el año 1566. De tan trágica manera, se ponía fin a 46 años de reinado en los que el Imperio Otomano había logrado extender sus dominios por Anatolia oriental, Irak, el golfo Pérsico y el Mar Rojo, el Egeo, Moldavia y Hungría[98].

El Imperio Otomano se prolongó en el tiempo durante los siguientes siglos con numerosas vicisitudes hasta el final de la Primera Guerra Mundial en 1918 cuando se proclamó la República Turca. Los límites de espacio y cronológicos de este trabajo nos impiden su detalle pormenorizado.

96*Solano Costa, Fernando. *El Tratado de Cateau-Cambrésis (1559)* Publicaciones de la Facultad de Filosofía y Letras, de la Universidad de Zaragoza. Serie 1, Nº 37. Zaragoza 1959.
97*Mantran, Robert. *Historie de la Turquie.* París, 1968.
98*Imber, C. Op. Cit., pp. 78-95.

Capítulo III

ANTECEDENTES INMEDIATOS. CAUSAS POLÍTICAS Y RELIGIOSAS

En 1453, la ciudad de Constantinopla aparecía emplazada en la entrada del estrecho del Bósforo dominando la vía marítima que comunica Europa con Asia, en su entrada al Mar Negro. Asentada sobre una península triangular, por un lado, la bañaba el Mar de Mármara y por el otro el canal del *'Cuerno de Oro'*[99]. Un ancho istmo, defendido por una triple muralla, la unía con tierra firme. Al otro lado del *'Cuerno de Oro'* se había extendido el arrabal de Pera (Gálata) donde residía la colonia comercial genovesa. Fanar, el barrio griego, se encontraba intramuros. Los barrios veneciano y florentino estaban próximos al puerto.

Aunque, en su periodo de mayor esplendor llegó a contar con un millón de habitantes, o sea, el mayor núcleo urbano de su tiempo, su población en la época de la destrucción solamente rondaba las cincuenta mil almas. Muchos barrios estaban abandonados y numerosos edificios y obras públicas arruinadas. Los dominios del antaño gran Imperio Bizantino se circunscribían a la capital y a una estrecha franja territorial que lo circundaba.

---

99 Cuerno de Oro: Estuario en forma de cimitarra que se une al Bósforo en el punto de conexión con el mar de Mármara, formando una península en cuyo cabo se alza Constantinopla. El Imperio Bizantino asentó allí sus arsenales y lo fortificó con murallas litorales para pro-teger la ciudad de los ataques por mar. A la entrada del cuerno, había una gran cadena que unía la Torre de Gálata (Torre de Cristo de los Genoveses) con el otro extremo del estuario para impedir el paso de los barcos no autorizados. La cadena solamente fue sobrepasada en dos ocasiones: En el siglo X cuando el Rus de Kiev atacó la ciudad y fue derrotado por el *'fuego griego'* y durante la IV Cruzada en el 1204.

Solamente algunas ciudades del Mar de Mármara y del Mar Negro y las colonias de la península griega del Peloponeso y la Tesalónica eran tributarias de Bizancio, manifestándose así la gran decadencia de lo que fue un vasto y rico Imperio que se extendía tanto en tierras europeas como asiáticas.

A mediados del siglo XV la situación de Constantinopla era desesperada. La más bella y suntuosa ciudad cristiana de la Edad Media se encontraba en un estado lamentable. A ello contribuyó el rebrote de peste negra acaecido el 1448 que había causado una crisis demográfica reduciendo, tanto su capacidad productiva como defensiva[100]. La antaño gran urbe lujosa y llena de gran belleza se asemejaba más a un campo de refugiados que a la cabeza de un glorioso Imperio.

La Corte Imperial se hallaba en una situación de miseria evidente y las clases dirigentes y privilegiadas habían defeccionado trasladándose a establecimientos alejados de la amenaza otomana. Los comerciantes genoveses, venecianos y pisanos eran los únicos depositarios de riqueza y bienestar, a la espera de que tan importante punto mercantil volviese a poder ser reutilizado con prosperidad. Sin embargo, el pueblo bizantino, apoyado en su fe cristiana ortodoxa y en sus tradiciones, esperaba un nuevo milagro que determinase su supervivencia, por ello, habría de resistir hasta la muerte.

Por otra parte, el Imperio Bizantino ya se había acostumbrado al peligro extintivo que representaba el expansionismo de los diversos pueblos que se posicionaban circunvalando su frontera. La desaparición de la soberanía sobre los territorios que controlaba desde los más brillantes años del Imperio Romano de Oriente no había sido súbita, sino que se desarrolló, como ya hemos visto, a lo largo de centurias. Además, la Ciudad había logrado superar las vicisitudes de veintitrés asedios.

100*Benedictow, O. J. *La Peste Negra (1346-1353). La Historia Completa.* Madrid. Akal, 2011.

LOS ASEDIOS DE CONSTANTINOPLA[101]

* **El 626:** un poderoso ejército avaro-persa atacó Constantinopla en un cerco completo terrestre y marino. Como el ejército Imperial estaba en campaña en las fronteras orientales, la defensa de la plaza la realizó el Gran Patriarca Sergio. La pericia del religioso, la entrega de la población civil y sus murallas hicieron que el enemigo levantase el campo.

* **Entre los años 674 y 678:** una tenaz ofensiva musulmana asedió la Ciudad. Constantino IV supo mantener tanto la resistencia como el abastecimiento por mar y, apoyado por su arma secreta, el *'Fuego Griego'*, rechazó el ataque.

* **El 705:** durante la guerra civil entre los Basileus Tiberio II y Justiniano II, éste último asedió la Ciudad con mercenarios del Rey Tervel de Bulgaria. Los sitiadores, carentes de medios poliorcéticos se estrellaron contra sus muros. Sin embargo, con una estratagema, Justiniano II se coló con un grupo de élite por las cloacas de la Ciudad y consumó su golpe de estado.

* **El 717 y durante 18 meses:** el Emperador León III defendió con éxito Constantinopla de un asedio árabe.

* **El 742:** el pretendiente Artavasdo, mediante soborno, logró que el traidor Teófanes Monutes le abriese las puertas de la Ciudad y derrocó al Basileus Constantino V.

* **El 813:** Krum de Bulgaria[102], tras una sangrienta campaña, se estrelló contra las murallas de Constantinopla defendidas por León *'el Armenio'*.

* **El 821:** Tomás *'el Eslavo'*, sitió la Plaza durante 12 meses, siendo rechazado por el Emperador Miguel II.

101*Turnbull, Stephen. *The Walls of Constantinople ad 324-1453.* Osprey. Oxford, U.K. 2008.

102 Este caudillo militar Búlgaro, que estableció su capital en Plisca, había derrotado y dado muerte a Nicéforo I en la batalla de Sérdica el 26 de julio del 811.

* **El 860:** Miguel III rechazó a una horda rusa.

* **El 907:** Oleg, Príncipe de Kiev (reg. 879-913), Caudillo Varego que agrupó al Principado de Rus, asedió infructuosamente Constantinopla defendida por León VI.

* **El 913:** Simeón, Zar del reino macedónico de Bulgaria, también fue rechazado frente a los muros de Constantinopla. Esta intentona se repitió, sin éxito, **en el 904** frente a la valerosa oposición de las tropas de Romano Lecapeno.

* **El 963:** Nicéforo II Focas, de la dinastía macedónica, en otra guerra civil, se apoderó de la Ciudad, pero se trató más bien de combates callejeros y no de un asedio formal.

* **El 1047:** el armenio León Tornikes se sublevó contra Constantino IX Monómaco, sin entrar en Constantinopla.

* **El 1081:** el pretendiente a la Corona Alejo Comneno se plantó frente a las murallas de Constantinopla para derrocar a Nicéforo III Botaniates. Tras sobornar al jefe de la Guardia Varega, la plaza fue saqueada durante tres días.

* **El 1090:** atacaron los turcos pechenegos, aliados con los Bogomilos[103] y la armada del Emir de Esmirna. Hábilmente, Alejo I logró el apoyo de la tribu turcomana de los cumanos y la Ciudad volvió a sobrevivir a la amenaza.

---

103 Bogomilos: Corriente herética desarrollada en Bulgaria y Bosnia en el s. XI se autodenominó los *'Amados de Dios'* Por aquellos años Bulgaria era un centro de refugiados heréticos enfrentados a la Iglesia Ortodoxa bizantina como los Paulicianos y los tondraquianistas. En las postrimerías del siglo XI el sacerdote búlgaro Bogomilo logró unificar todas estas creencias en un sólo movimiento. Negaban la Trinidad y defendían un dualismo maniqueo que afirmaba que Dios había tenido dos hijos: Miguel y Satanás. Consideraban el bautismo no ceremonial como un gesto de autorenuncia y oraban en privado, no en templos. Se dividían entre estrictos o puritanos (que practicaban el celibato y una extrema sobriedad) y comunes o garatenses (que practicaban el matrimonio y una sobriedad moderada). Tras ser casi exterminados en Tracia por los ejércitos bizantinos, los supervivientes se concentraron en Bosnia. Sus creencias se extendieron por Italia como los Patarinos y por la Occitania y el Pirineo centro-oriental por los *'Hombre Buenos'*, los Cátaros.

* **El 1204:** fue la primera vez que Constantinopla fue tomada al asalto durante la Cuarta Cruzada[104].

* **El 1328:** en otra guerra civil bizantina, Andrónico III Paleólogo pretendía arrebatar el trono a su abuelo. Durante la noche del 23 de mayo de 1328, ayudado por el General Juan Cantacuceno y 24 Soldados de confianza, escaló de incógnito las murallas de Constantinopla, logró abrir las puertas de la Ciudad y su ejército rebelde logró ocuparla.

* **El 1359:** el Sultán Murad I asedió Constantinopla en la línea continuista de sus predecesores Osmán I y Orhan I, contando con las bases de Gallipoli. A pesar de la ya evidente decadencia bizantina, el ataque fue repelido.

* **El 1391:** Bayaceto I asedió Constantinopla durante 7 meses. Debió levantar el sitio a causa de las presiones militares en el norte por parte de serbios y húngaros.

* **El 1396:** el mismo Sultán inició una importante campaña contra Bizancio asediando su capital. De nuevo, la amenaza exterior contra sus enemigos salvó a Constantinopla: Estas fueron las invasiones mongolas de Tamerlán, quien venció al Sultán en la Batalla de Ankara del 20 de julio de 1402.

* **El 1411:** tras la muerte de Bayaceto I, el Imperio Otomano estaba convulsionado por una guerra civil entre pretendientes a la Corona. Uno de estos aspirantes, Musa, puso sitio a Constantinopla como medida punitiva causada por la ayuda militar prestada por los bizantinos a su hermano y oponente Solimán. Una vez más, el asedio fue rechazado.

* **El 1422:** Murad II fue entronizado el 1421. Con buenas razones, los bizantinos temían el resurgimiento del Imperio Otomano. Por ello, apoyaron como rival a Mustafá Çelebi quien inició una guerra civil contra Murad. Sin embargo, el pretendiente fue derrotado y ejecutado en Ulabat (cercana a Bursa). Como venganza, Murad II inició una campaña contra Bizancio. En 1422 asedió Constantino-

---

104*Ruciman, Steven. *Historia de las Cruzadas.* Alianza. Madrid, 1999. T. II.

pla durante tres meses, terminando por levantar el sitio pues su ejército era necesario en otros frentes.

* **El 1453:** el asedio de Mehemed II supuso la Caída definitiva de Constantinopla.

La separación política entre Europa y Bizancio hizo que las agresiones contra Constantinopla fueran vistas con indiferencia por Occidente. En 1434, Isidoro de Kiev, fue enviado a Europa por Juan VIII Paleólogo al frente de una embajada para negociar en el Concilio de Basilea convocado por el Papa Martín V donde se pretendió la unificación de las dos iglesias y se trató la cuestión Husita[105]. En sus sucesivas sesiones de Ferrara y Florencia. Isidoro de Kiev, apoyado por Basilio II de Moscú, prosiguió con este propósito durante el máximo furor de la epidemia de *'peste negra'*, en 1438[106].

Sin embargo, al regresar a Rusia en 1441, su proyecto fue rechazado tanto por el patriarcado ortodoxo como por los fieles.

---

105 A principios del s. XV, el teólogo bohemio Juan Huss predicó una doctrina que rechazaba los abusos de la Iglesia y su acumulación de riquezas. Propugnó que se predicase en lengua popular y consideró la Biblia como la máxima fuente teológica. También afirmó que sólo Cristo, y no los prelados corruptos eran verdadera cabeza de la Iglesia. En 1415, durante el Concilio de Constanza, acusado de herejía fue condenado a la hoguera. Las consecuencias directas fueron su heroización y la indignación de sus seguidores. Cuando el Rey Wenceslao los expulsó del clero y de los concejos los Husitas, se sublevaron. A la muerte de Wenceslao, los Husitas rechazaron las pretensiones a la Corona de Bohemia del Emperador del Sacro Imperio Segismundo de Luxemburgo, por considerarlo responsable del asesinato de Huss. Entonces, el Papa Martín V declaró una cruzada contra ellos en el año 1420. Segismundo invadió Bohemia al año siguiente siendo derrotado por completo, en las sucesivas campañas de los años 1426, 1427 y 1431. Sin embargo, los husitas estaban divididos entre calixtinos o moderados (nobles y burgueses) y taboritas o radicales (campesinos). Así, aunque en el Concilio de Basilea se iniciaron las negociaciones que llevarían, en 1433, al retorno a la obediencia de la Iglesia de los calixtinos. Los taboritas continuaron la lucha, siendo aniquilados en la Jornada de Lipany (Parga) el año 1434.

106*Benedictow, O. J. Op. Cit.

Dado que las posturas tanto católicas como ortodoxas se mostraron irreconciliables, Constantinopla se vio abocada a luchar en solitario.

En 1448, murió el Basileus Juan VIII siendo sucedido por su hermano Constantino XI[107]. Hombre valiente y brillante, educado en la cultura helenística y consagrado a la labor de mantenimiento del legado de sus antepasados.

Constantino XI Paleólogo fue una figura querida y muy popular entre su pueblo. Hombre de gran capacidad, pasó su juventud luchando en Morea (Peloponeso). Habiendo combatido en la resistencia bizantina en el Peloponeso frente a los ejércitos otomanos, seguía la línea de predecesor en la conciliación de las iglesias oriental y occidental. Como Emperador, Constantino era

107 Constantino XI Paleólogo Dragasēs (1405-1453): Cuarto hijo del emperador Manuel II y su esposa serbia, Helena de Serbia, de la dinastía macedonia de Dragaš. El 15 de noviembre de 1423, se hermano el Emperador Juan VIII partió en misión diplomática a Venecia, Milán, Mantua y Hungría en busca de ayuda militar contra la amenaza otomana, quedando Constantino como regente del imperio. Fue nombrado *déspota* de Morea (Peloponeso). Así emprendió la reconquista de la región con un fuerte ejército mandado por su general Jorge Frantzes, dominando todo el Peloponeso en 1430. Su avance sobre el istmo de Corinto fue detenido por los ejércitos de Turahan Bey. Continuó con sus funciones De regreso a Constantinopla, Constantino siguió con sus funciones de regente, mientras su hermano estaba en Europa intentando reconciliar la Iglesias católica y ortodoxa en el concilio de Ferrara. Presionado por su madre Helena, Constantino enfrentó una fuerte tensión popular por parte del clero y los fieles ortodoxos, quienes rechazaron dicha unión con la Iglesia de Roma. En 1440 Constantino ayudó a su hermano frente a la invasión del Sultán Murad II. Demetrio, hermano de Constantino, intentó, sin éxito, usurpar el trono aliándose con los otomanos en 1442. En 1423 Constantino cruzó el istmo de Corinto y conquistó Atenas y Tebas, obligando al duque latino de Atenas. Sin embargo, los turcos derrotaron a húngaros y polacos en la batalla de Varna (10 de noviembre de 1444). Asimismo, en 1446, Murad II recuperó el terreno: El 10 de diciembre de 1446 venció en Morea, e impuso tributo a los bizantinos. El 1448 tras la muerte de Juan VIII y Constantino fue coronado en Mistra. En 1451, Mehemed II sucedió a Murad II. Ante el expansionismo del nuevo Sultán, al embajador bizantino Leontari Brienno viajó a Venecia, Ferrara, Nápoles y Roma para buscar apoyo económico y militar. Las respuestas fueron ambiguas y el Papa Nicolás V condicionó su apoyo a la aceleración de la reunificación de las dos iglesias. La tragedia se había perfilado.

el Comandante Supremo del Ejército, director de la Administración pública, legislador máximo y cabeza de la iglesia como *Isapóstolos* (*'Igual a los Apóstoles'*)[108].

Todo ello hacía de él una figura idónea para encabezar la lucha bizantina durante lo que sería su última batalla.

Cuando, en 1451, Mehmed II sucedió en la Corona Osmanlí al finado Murad II, su primer propósito fue la conquista de Constantinopla y el definitivo exterminio del Imperio Bizantino, rival secular. De acuerdo con las costumbres de su raza, combinó sus altas dotes intelectuales y guerreras, con su Fe islámica y con la barbarie y la crueldad. Sin embargo, su voluntad no representaba la simple intención predatoria que permitiese tomar y realizar el saqueo de la Ciudad. Su auténtica intención era la ocupación definitiva de Constantinopla para convertirla en la capital de su Imperio. Este Sultán era, en realidad, un gobernante iluminado que deseaba convertir la Ciudad a su fe e instituirla como la máxima joya del islam, y que, además, disponía de ingentes medios para lograr su propósito.

Se trataba, indubitablemente del enfrentamiento a muerte de dos civilizaciones.

108*Ostrogorsky, G. *Historia del Estado Bizantino.* Akal. Madrid, 1984.

Capítulo IV

EL DESARROLLO DEL ASEDIO, HEROÍSMO Y TRAGEDIA

Tomada la decisión del definitivo asalto a Constantinopla, los otomanos iniciaron la construcción de un muro de contravalación de diez kilómetros al norte de la Ciudad al que llamaron Anadoluhisari.

El joven Mehemed II, había estudiado apasionadamente los detalles de la historia militar de la Ciudad y no estaba mal aconsejado. Sabía que los distintos asedios precedentes habían sido infructuosos porque la Plaza continuaba recibiendo suministros a través del mar. Por ello, sus primeras medidas poliorcéticas se orientaron a consumar un hermético bloqueo de las dos entradas marinas: Por una parte, la del Mar Negro, mediante la construcción de una fortaleza dotada con tres imponentes piezas artilleras llamada Rumeli Hissar[109], que se alzaba en el punto más estrecho de la orilla del Bósforo. Por la otra, en los Dardanelos, 125 naves

109 Rumeli Hissar: Fortaleza erigida por el Gran Sultán Mehemed II entre 1451 y 1452 dirigida exclusivamente al aislamiento de la ciudad de Constantinopla como medida inicial a su asedio de 1543. Fue la primera construcción munatoria con capacidad técnica para asentar piezas de artillería. Sus tres grandes torres que servían como plataforma para el asentamiento de las bocas de fuego fueron bautizadas con el nombre de los tres visires de Mehemed II, Çandarli Halil Pashá, quien construyó la que estaba emplazada junto a la puerta, Zağanos Pashá, quien elevó la torre del sur, y Sarica Pashá, quien ejecutó la torre norte. La tradición islámica afirma que la traza de la base de la fortaleza se inspiró en la rúbrica de Mahoma, *'el Mensajero de Dios'*.
*Lorente Liarte, Jesús. *Hermetización versus permeabilidad Hispano-francesa.* Tesis doctoral Cum Laude por la Facultad de Filosofía y letras de la Universidad de Zaragoza, 2012.

de guerra bloqueaban el Mar de Mármara y el sector oeste del Bósforo. Así, se buscaba la completa asfixia de abastecimiento de Constantinopla.

Rumeli Hissar (Constantinopla), la fortaleza de la *'Sublime Puerta'*.

Murallas de Constantinopla.

En este bloqueo, el 26 de noviembre de 1452 un barco veneciano que navegaba desde el Mar Negro fue capturado. De los 30 supervivientes, su Capitán Antonio Rizzo fue llevado a Didimóteicho y empalado, mientras que a los marineros les cortaron en 2.

Occidente vio por fin claro el peligro. Entonces, Nicolás V envió desde Roma al Cardenal Isidoro de Kiev[110] y al Obispo Leonardo de Quíos con doscientos arqueros napolitanos para la defensa de la Ciudad en la que fueron muy eficaces. Asimismo, el Reino de Nápoles y las repúblicas de Venecia y Génova proporcionaron apoyo en fundamento de los intereses comerciales de sus ricas colonias del Mar Negro. El precio fue que Isidoro de Kiev, el 12 de diciembre de 1452, en la basílica de Santa Sofía, proclamase la unión de la Iglesia Oriental con la Occidental en presencia de Constantino XI a pesar del descontento popular. Pero este apoyo fue muy escaso por parte de otros reinos europeos a causa de los conflictos locales e internacionales, políticos o religiosos, como la sempiterna Guerra de los Cien Años[111].

En un principio, solamente tres navíos genoveses financiados por el Papa zarparon con armas, municiones y alimentos en ayuda de la amenazada Ciudad. Por su parte, la *'Serenísima República'* aportó 800 guerreros y 15 naos cargadas de pertrechos, amén de que casi todos los miembros de la colonia veneciana en Constantinopla, comandados por el jefe de la comunidad, Girolamo Minotto, se ofrecieron para ayudar al Emperador. También llegaron con sus naves los capitanes Gabriel Trevisano y Alviso Diedo, que participaron valerosamente en los combates ayudando a los bizantinos.

---

110 Isidoro de Kiev (1385-1463): Permaneció en Constantinopla hasta su caída, salvando la vida vistiendo a un muerto con sus ropas de Cardenal. Mientras los turcos cortaban la cabeza al cadáver y la paseaban por las calles, fue cautivo, escribiendo a Nicolás V sobre los horrores otomanos. Logró evadirse y volvió a Roma, siendo nombrado Obispo de Sabina. Pío II (1458-64) le nombró Patriarca Latino de Constantinopla y Arzobispo de Chipre. Fue Decano del Colegio Cardenalicio desde 8 de octubre de 1461.

111*Allmand, Christofer. *La Guerra de los Cien Años.* Crítica. Barcelona, 1990.

En total el Basileus Constantino XI disponía para la defensa de Constantinopla 10 barcos bizantinos, 15 venecianos, 5 genoveses, uno de Ancona[112], uno Aragonés y otro de Provenza. Eran un total de 26 naves, cifra muy modesta en comparación con la poderosa flota otomana de 125 barcos iniciales más los posteriores refuerzos recibidos.

Sin embargo, los mezquinos comerciantes genoveses del barrio extramuros de Gálata (Pera) se declararon *'neutrales'*. Representando a la cicatera colonia, Ángelo Lomellino cedió ante las pretensiones del Sultán a cambio de mantener sus beneficios antes que luchar por la Libertad de Occidente. En contra de esta cobarde y desleal postura, numerosos y valientes genoveses del barrio de Pera decidieron cruzar el *'Cuerno de Oro'* y alinearse con otros paisanos que habían llegado para colaborar en la defensa de la Ciudad, como los hermanos Paolo, Troilo y Antonio Bocchiardi que trajeron a sus propios Soldados muy bien equipados.

En cualquier caso, la más destacada contribución genovesa a la defensa llegó el 29 de enero de 1453. La misma estaba compuesta por setecientos mercenarios de élite muy bien instruidos, armados y comandados por el legendario Condottiero Giovanni Giustiniani Longo. Giustiniani[113], además de sus magníficas fuerzas armadas, era depositario de una personalidad carismática que lo configuraba como un excelente Caudillo Militar al que sus guerreros estaban dispuestos a seguir hasta la muerte. Como añadido, sus buenos conocimientos en munatoria y poliorcética eran más que distintivos y ello habría de ser vital para reforzar y actualizar las defensas de la Ciudad.

---

112 Ancona: Ciudad de la costa adriática italiana en la región de las Marcas.

113 Giovanni Giustiniani Longo (1418-1453): católico convencido, nació en el seno de una de las más pujantes familias genovesas. Bravo guerrero, famoso por sus elevadas dotes en munatoria y poliorcética, fue cónsul en Crimea, entonces bajo soberanía mongola. El 29 de enero de 1453, se presentó al frente de setecientos Soldados profesionales de alta calidad militar dispuestos todos a la defensa a ultranza de Constantinopla. El Basileus Constantino XI lo nombró Protostrator (rango equivalente a Mariscal). Murió a causa de las heridas recibidas en primera línea de combate.

Resumiendo, Giustiniani se configuraba como un factor esencial para la supervivencia de Constantinopla.

Pere Juliá logró organizar a los más adecuados combatientes seleccionados entre los Aragoneses residentes en Constantinopla, a los que también se unieron marinos de la Corona de Aragón. Este grupo, heredero de los antiguos Almogávares, defendió con bravura las murallas de la marina del mar de Mármara[114].

Asimismo, Constantino XI contaba con el apoyo incondicional de varios miembros de la noble familia Cantacuceno, su primo Teófilo y varios aristócratas bizantinos entre los que se encontraba el Mega Duque Lucas Notaras quienes desestimaron toda posibilidad de huida, opción que había elegido la mayor parte de los miembros de las clases privilegiadas bizantinas que se retiraron a Morea y otras zonas no amenazadas.

Sin embargo, nunca llegaron los esperados refuerzos de las zonas tributarias del Peloponeso porque el Sultán Mehmed II, había mandado a su General Turachán de Tesalia a devastar la región. Por esta causa, los hermanos del Emperador no pudieron socorrerlo militarmente pues estaban bloqueados por un formidable ejército musulmán que formaba parte del plan del Sultán de aislar la ciudad sitiada de todo socorro.

Entre los defensores de Constantinopla, destacaron el noble Castellano Francisco de Toledo y un miembro de la familia imperial otomana que había sido rehén en Bizancio desde su infancia, el Príncipe Orján, que odiaba profundamente a Mehmed II.

Junto a este heterogéneo grupo de *'Soldados de Fortuna'*, se alinearon las tropas bizantinas y el desesperado pueblo en armas. En un principio, la fuerza local de defensa estaba integrada por unos 7.000 hombres capaces para la lucha, de los escasos

---

114 *AA.VV. "Desperta Ferro, la Corona de Aragón en el Mediterráneo". En *Desperta Ferro* nº 22, pp. 44 y ss. Madrid, 2012.

50.000 habitantes que entonces residían en Constantinopla. Entre ellos sobresalieron los Miembros de la Guardia Varega. En cualquier caso, al final de la tragedia, cada alma de la Ciudad acabará luchando por su vida, su libertad y sus casas.

A la vista de los preparativos poliorcéticos otomanos que se disponían para el asedio de la Plaza, Constantino XI, realizó un enorme esfuerzo para abastecer su Ciudad con todas las provisiones que pudo encontrar en su reducido entorno libre y refortificó las murallas en la medida de sus posibilidades. Los sectores debilitados o dañados se rehabilitaron y las partes del foso rellenas de escombros, basura o vegetación fueron despejadas. Además, en estas labores realizadas por Giustiniani, se contó con la ayuda del ingenioso Lucas Notaras y del ilustre ingeniero alemán Johannes Grant. El arsenal de los defensores era exiguo: Contaban con lanzas, flechas y catapultas, trabucos y otras máquinas de guerra neurobalísticas[115]. En cuanto a su artillería, sólo disponían de unas pequeñas bombardas para las cuales ni siquiera contaban con bolaños sufícientes[116]. Además, acabó por desistirse de su emplazamiento en las torres —plataformas ideales para aprovechar su alcance y eficacia— porque la vibración causada por el retroceso de los disparos agrietaba los muros debilitando la estructura munatoria de forma alarmante[117].

Ya hemos visto que solamente veintiséis buques de guerra (la mayoría habilitados a toda prisa y de circunstancias) defendían el *'Cuerno de Oro'*, amparados por la famosa y sólida cadena de hierro extendida de litoral a litoral[118]. Estos posicionamientos eran vitales, dado que impedían que los largos kilómetros de la mura-

---

115*Saéz Abad, Rubén. *Artillería y Poliorcética en la Edad Media.* Almena. Madrid, 1997.

116*Pérez, J.M. Poliorcética Española en la edad Moderna. Comunicación para la Cátedra Extraordinaria de la Facultad de Historia de la Universidad Complutense. Madrid, 2017.

117*Lorente, J. Op. Cit.

118 La cadena era obra del genovés Bartolomeo Soligo. Hoy se conserva en el Museo Militar de Estambul.

lla de la marina fueran objeto de un ataque directo, y así liberaba a muchos defensores útiles en otras partes del Campo del Honor. Recordemos que estamos hablando de un recinto amurallado de diecinueve kilómetros de perímetro, lo que obligaba a cada Defensor a proteger unos cinco metros lineales de muralla. Aunque la situación era evidentemente muy comprometida, El Basileus Constantino XI supo reforzar la moral de sus compatriotas y aliados y los iluminó y determinó a una defensa extrema.

El ejército de asalto Osmanlí que se plantó frente a los muros de Constantinopla en la primavera de 1453 era homérico. Estaba integrado por más de 100.000 combatientes, de los cuales cerca de 80.000 eran guerreros regulares anatolios y turcomanos profesionales bien armados, disciplinados, instruidos y experimentados[119]. Además, también formaban dos decenas de miles de desgraciados aventureros conocidos como *'Bashi-bazuks'*. Estos eran Soldados de escasa formación militar, armados a su costa y según sus medios (normalmente pocos), reclutados, a veces de forma forzosa (*Devşirme*) y otras voluntariamente, como medio supervivencial en las distintas provincias del Imperio Osmanlí. Su destino era cruel pues habrían de ser utilizados como *'carne de cañón'*.

Las tropas de mayor calidad de los asediantes eran los 12.000 Jenízaros, élite de las fuerzas imperiales y unos 15.000 jinetes cipayos o Spahís. No debemos olvidar el importante apoyo espiritual que aportaron los cientos de santones Derviches (Morabitos) que acompañaban al ejército. Estableciendo un precedente doctrinal de soporte religioso de la moral para los futuros asedios ejecutados por los otomanos. Unas cuatrocientas naves de todo tipo formaban una impresionante flota de guerra para apoyar a los asaltos del Ejército de tierra.

---

119 Las fuentes exageran esta cifra hasta 400.000 efectivos para magnificar el heroísmo bizantino emulando a Herodoto en su libro VII de la Historia cuando nos habla de la batalla de las Termópilas.
*Miguel Ducas. *Historia Turco Bizantina.* Antonio Machado. Madrid, 2007.

La clave de la victoria otomana que había de cambiar la geografía política del mundo fue la novedosa utilización de un arma incontestable: La Artillería. Como ya hemos apuntado, su más próximo antecedente fue el *'Fuego Griego'*. Cierto es que la invención de la pólvora es su auténtico origen[120]. Éste producto comen-zó a ser conocido en Europa desde el siglo XIII, citada en los escritos del inglés Roger Bacon y del veneciano Marco Polo[121]. Aseveran algunas fuentes que, a principios del siglo XIV, Berthold Schwarz (Bertoldo *'el Negro')*, monástico alemán, fue el primero en utilizar la pólvora para propulsar un proyectil. Lo que es indudable es que la pólvora se fabricaba en Inglaterra en 1334 y que, en 1340, el Sacro Imperio Romano Germánico contaba con instalaciones para su producción en masa.

Su primera utilización en ingeniería poliorcética fue durante el sitio de Pisa en 1403[122] y, en la segunda mitad del s. XVI, la fabricación de pólvora en la mayoría de los países era un monopolio del poder gobernante, que reglamentó su uso en el s. XVII[123].

La primera fuente occidental sobre artillería es el Manuscrito de Milemete, que lleva por título *Sobre los Deberes de los Reyes* y está fechado en 1326[124]. Su uso militar se cifra en el año 1331. Jerónimo Zurita, en sus *Anales de la Corona de Aragón*[125] relata

---

120 La Pólvora original es una mezcla química sólida en forma de polvo compuesta por un 75% de nitrato potásico, un 15% de carbón vegetal y un 10% de azufre. Químicamente, el carbón y el azufre arden combinados gracias al nitrato potásico, que interactúa como comburente que suministra oxígeno necesario para la ignición.

121*Bacon, R. *The Experimental Science*. Kessinger Publishing, London U.K. 1990.

*Polo, Marco, *Libro de las Cosas Maravillosas*. Versión de Rodrigo Fernández de Santaella de 1518 (Sevilla) —se incorporan los comentarios de la edición de Logroño de 1529—. Facsímil de ABC, Barcelona 2004, pp. 108-109, Cap. LXXIIIJ.

122*Rubén Sáez Abad, Op. Cit. pág. 30.

123*Rojas, Cristóbal de, *Sumario de la Milicia Antigua y Moderna*, Ministerio de Defensa, Madrid 2004 pp. 144-149.

124*Lorente Liarte, Jesús. Hermetización versus Permeabilidad Hispano-Francesa. Tesis Doctoral Cum Laude, Cap. I,2. pp. 57-69.

125*Zurita, Jerónimo, *Anales de Aragón*. Institución Fernando el Católico. Zaragoza, Vol. IV, 1973.

como, bajo el Reinado de Alfonso IV, las huestes del Rey de Granada Mohamed IV atacaron Alicante y Orihuela utilizando primitivos artilugios artilleros.

Será en el asedio de Constantinopla de1453[126] cuando su uso masivo dará un giro copernicano a la historia militar. En 1452 el húngaro Orbán ofreció su ciencia al Basileus que, aunque muy interesado en ella, carecía de la liquidez necesaria para financiar el proyecto. Por el contrario, el Sultán Mehemed II sí que pudo: Orbán (Urbano) fabricó para él una gigantesca bombarda de bronce. La misma, medía 10 metros de largo y sus proyectiles (bolaños) tenían 80 cmts. de diámetro. Sesenta bueyes la desplazaban y era servida por doscientos artilleros. Tras cada disparo debía cubrirse con espesas mantas para evitar un rápido enfriamiento, hecho que quebraría o fragilizaría su estructura. En el intervalo entre los sucesivos disparos, impuesto por el lento enfriamiento de la caña, sus servidores la limpiaban y engrasaban con sumo cuidado. Entre estas labores, transcurrían un mínimo de dos horas, de modo que la bombarda sólo podía ejecutar siete disparos diarios. Junto a esta pieza se emplazaron una gran cantidad de bocas de fuego menores.

El objetivo de este despliegue artillero era abatir las magníficas murallas de la Ciudad que habían sido siempre su definitiva salvaguardia. Éstas, en 1453, eran un complejo sistema munatorio de 19 kilómetros de longitud que ofrecía un primer obstáculo consistente en un gran foso de 20 metros de ancho, tras el que se alzaba un parapeto que solapaba un pasaje defensivo interior (Períbolos) de 15 metros de anchura. Éste conectaba con la primera línea amurallada de 2 metros de espesor por 8 de altura jalonada por unas 80 torres. Tras éste perímetro, se extendía un corredor (Parataikon) de 18 metros de ancho, tras el cual se alzaba la gran muralla de 5 metros de espesor y 13 de altura. Las murallas estaban reforzadas por cien torres de entre 9 y 23 metros de cresta.

126*Dihel, C. *Grandeza y Servidumbre de Bizancio*. Espasa-Calpe, Madrid 1943.

Por el lado de la marina, toda la zona portuaria estaba dotada de sus propias murallas interconexionadas con las principales del recinto que, prolongándose a lo largo de 13 kilómetros, alcanzaban los 12 metros de altura. Las mismas aparecían festoneadas regularmente por 300 torres cuadrangulares y protegidas por la ya citada flota de guerra bizantina y la famosa cadena de hierro de la rada del *'Cuerno de Oro'*. Además, este sector contaba con los fondeaderos fortificados de Langa, Eleuterio, Contoscalión, Sofía, Bucoleón (con la Puerta del Agua) y Proshorianus, además de los amarraderos de Puerta de San Juan y Gálata.

1.- Glacis. 2.- Foso, 20 mts de ancho. 3.- Parapeto de 5 mts.

4.- Períbolos de 15 mts de ancho.

5.- 1er Cinturón torreado de 9 mts de alto.

6.- 1ª Muralla, 2 mts de ancho por 8 de alto.

7.- Parataikon.18 mts de ancho.

8.- 2º Cinturón torreado de entre 15 y 23 mts de ato.

9.- 2ª Muralla, 5 mts de ancho por 13 de alto.

10.- Camino de circunvalación.

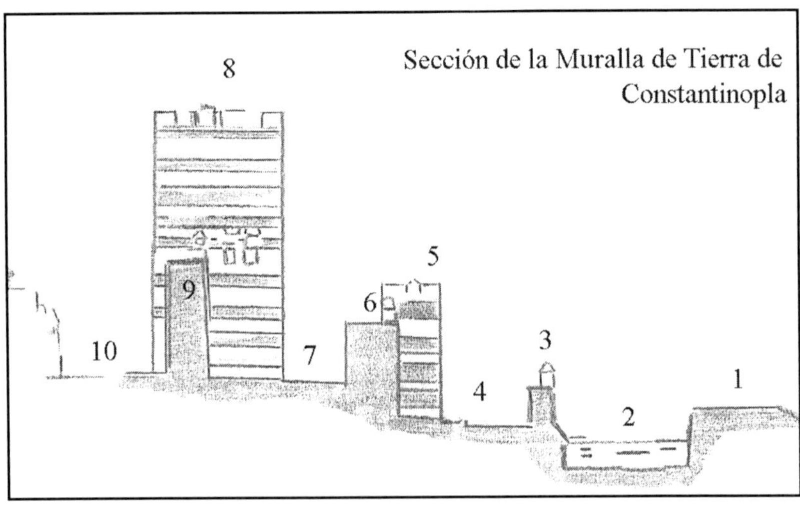

Sección de la Muralla de Tierra de Constantinopla

Muralla de la Marina de Constantinopla. Imagen digital (http://www.byzantium1200.com/) sobre el dibujo de Teresa Andrés, 2024.

Treinta Puertas fortificadas y numerosos portillos se abrían en estos formidables muros. Sin embargo, a pesar de su gran solidez, las legendarias murallas no habían sido diseñadas para resistir a la artillería[127].

127*Turnbull, Stephen. *The Walls of Constantinople ad 324-1453.* Osprey. Oxford U.K. 2008.

Gran Bombarda Otomana de asedio del siglo XV.

VISTA GENERAL DEL ESCENARIO DE LA BATALLA

Muralla de la Marina. ___Muralla de tierra.
___Muro de Constantino.

A- Palacio Blanquernas. **B**- Paphyrogeritus (Tefkur Saray).
C- Monasterio de Chora. **D**- Monasterio Page.
E- Monasterio de San Juan.
F- Monasterio de Cristo Pantocrátor. **G**- Iglesia de los Sts Apóstoles.
H- Mosque. **I**- Foro Theodosio. **J**- Foro Constantino.
K- Hipódromo. **L**- Forum Bivis.
M- Foro de Arcadio. **X**- Torre del Mármol.
Y- Gran Faro. **Z**- Torre Gálata.

Puertas

1- Sta Bárbara. **2**- del Faro. **3**- Sin nombre. **4**- Sin nombre.
5- Bucoleon. **6**- Sin nombre. **7**- San Emiliano. **8**- Psamatia.
9- de Cristo. **10**- Dorada. **11**- de Belgrado.
12- III Puerta Militar *'Pege'* (Slivri Kapisi). **13**- Puerta Rhegium.
13 a- IV Puerta Militar. **14**- San Romano. **15**- V Puerta Militar.
16- Karisia. **17**- Xilokerkou (en Kerkporta). **18**- Kaligaria.
19- Puerta de Blakernas. **20**- Phanar. **21**- Petrion.
22- Sta Teodosia. **23**- Pegas. **24**- Platea. **25**-San Juan.
26- Drungani. **27**- Perama. **28**- San Juan.
29- Ebraica. **30**- Puerta Horacia.

Plano de las defensas de Constantinopla

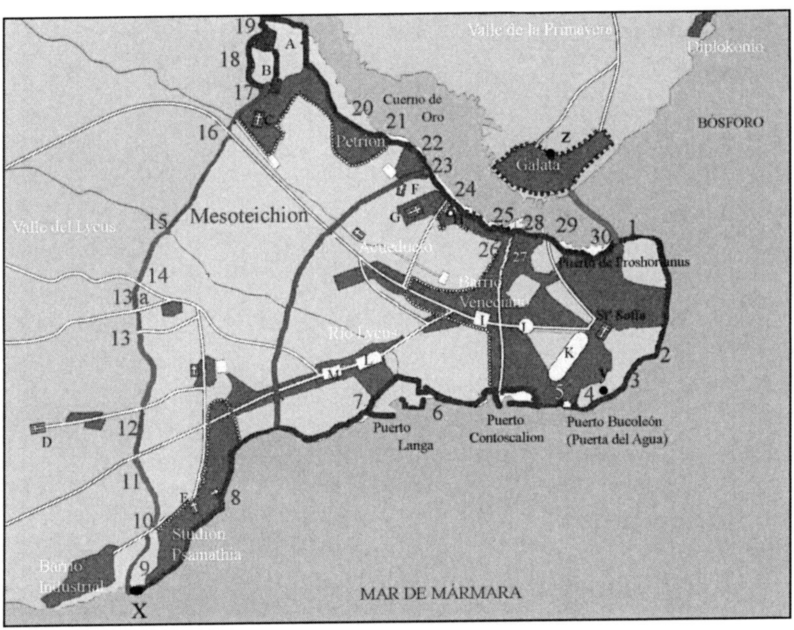

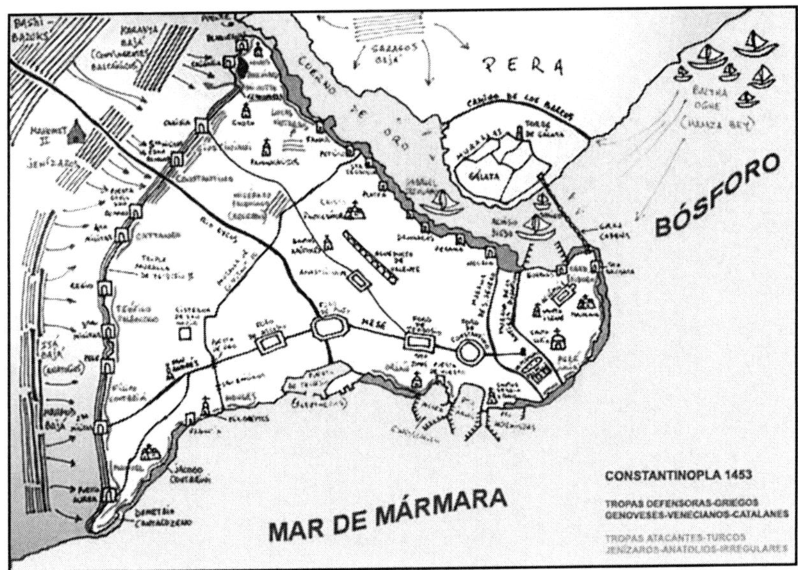

En el albor del día 2 de abril de 1453 los primeros destacamentos otomanos alcanzaron los alrededores de Constantinopla. Ante ello, el Basileus Constantino XI (dcha.) ordenó varias salidas de prospección y exploración que informaron de la formidable entidad del ejército enemigo[128].

Tres días después, el 5 de abril llegaron los cuerpos principales del ejército turco, comandados por el mismo Sultán. Éste plantó su tienda cerca del río Lycus, en la colina de Maltepé, frente a la puerta de San Romano, a unos 500 metros de las murallas y muy bien protegida por los destacamentos Jenízaros más aguerridos.

Ante la imponente vista de los muros que debía atravesar y, considerando el coste material y humano del asedio, Mohamed II envió una embajada para ofrecer al Emperador Constantino XI una razonable capitulación que fue declinada orgullosamnte por el Basileus.

El cerco fue dispuesto con sabiduría poliorcética y se castramentó con la sabiduría de asentamiento adquirida durante las campañas previas de Murad II. Una monstruosa estructura de asedio se emplazaba frente a los muros de tan desesperada Ciudad ante la vista de sus habitantes que habían invadido los adarves de los lienzos de las murallas para ver confirmados sus mayores temores.

128*Runciman, Steven. *La Caída de Constantinopla*. Traducción de Victorio Peral Domínguez. 1965. Espasa Calpe. 1977. Madrid.

La disposición fue la siguiente: El renegado[129] albanés Zagán Pashá se asentó controlando el *'neutral'* barrio Genovés de Gálata (Pera). El Bey de Rumelia (región de la Grecia continental), Karadjá Pashá asedió los fuertes y las torres desde la 5ª Puerta Militar hasta el gran puerto, a la altura de Blaquernas. Isaac Pashá, Belerbey (Virrey) de Anatolia, controlaba el sector de asedio desde la Puerta de San Romano hasta la Puerta Dorada junto al río de la Propóntida a la altura del castillo de las *'Cinco Torres'*. El propio Sultán y su Gran Visir Kalin Pashá se posicionaron en el sector centro del dispositivo desde la Puerta Karisia hasta la de San Romano. En este sector, la muralla de Constantinopla se ceñía a los flancos del barranco del río Lycus. Éste se convertirá en el núcleo primordial de los bombardeos y asaltos sobre las muradas del Mesoteichión, y allí se concentró el campamento base de los Jenízaros.

El sitio comenzó formalmente el 7 de abril de 1453, cuando el gran cañón realizó su primer disparo. El mismo se efectuó en dirección al valle del Lycus, junto a la 5ª Puerta Militar[130] y la Puerta de San Romano, que daba acceso a Constantinopla por una depresión del terreno, haciéndola vulnerable a una batería situada sobre un padrastro[131]. En efecto, el batidero se integraba en la llanura del sector de las defensas del Mesoteichion, considerado el punto más débil en la muralla terrestre, porque no estaba sobre un cerro, sino sobre el plano valle del río Lycus. Allí

129 Muchos cautivos cristianos optaron por abjurar de su Fe y abrazar el islam. Así lo manifiesta Jerónimo Gracián cautivo en Túnez en 1593: *"Más de la mitad, y aun las tres partes, reniegan la fe"* [Jerónimo Gracián de la Madre de Dios. *Tratado de la Redención de Cautivos.* Imp. Juan Momarte. Bruselas 1609, f. 36v]. Este cronista también nos cuenta que muchos lo hacían *"por salir del trabajo del remo, que es insufrible, otros por la vida ancha y viciosa que tienen los renegados, y si se escapan destos dos lazos, las cautelas e industrias y falsos testimonios de los moros hacen caer a muchos"*. Estas apostasías causaban una repulsa total entre los Españoles del Siglo de Oro que consideraban al renegado como un ser despreciable. Cierto es que muchas conversiones estaban motivadas por la búsqueda de mejores oportunidades de fuga.

130 No confundir con la Puerta Civil de San Romano, al sur del río.

131 Padrastro: Elevación natural aprovechada para batir el objetivo con artillería.

estaban apostadas las principales tropas bizantinas, que recibieron el refuerzo inmediato de los genoveses de Giovanni Giustiniani, que en un principio ocupaban el sector del Miriandron, Entre las Puertas de Karisia y la de Blanquernas.

Los artilleros otomanos eran técnicos bien adiestrados y experimentados que sabían manejar su máquina, elegir su blanco y dar en él: Entre los primeros daños, que fueron importantes, se desplomó un lienzo de muralla entero próximo a la puerta Karisia. A pesar de ello, los defensores (civiles o militares, mujeres, ancianos y niños) reconstruían en los momentos de calma lo que las bocas de fuego derruían en sus episodios de actividad. Las defensas perjudicadas eran sustituidas por medios de circunstancias y se reciclaban todo tipo de materiales[132]. La desesperación ofrecía soluciones munatorias inimaginables. Era una lucha común exasperada contra lo inevitable que dotaba a cada mano de una energía insospechada.

El 9 de abril los navíos de guerra turcos, comandados por Balta Oghe, acometieron la empresa de intentar traspasar la gran cadena de bloqueo de la rada y extender la lucha al interior del *'Cuerno de Oro'*, pero fueron rechazados por la pequeña flota aliada que defendía el estuario y, además, la gran cadena no cedió.

Esa Jornada, el Sultán dio la orden a sus baterías de derribar a cañonazos todas las fortificaciones exteriores (como lunetas y barbacanas[133]) de los puertos fortificados. Una vez asaltadas y ocupadas, los pocos defensores que cayeron prisioneros fueron ejecutados por empalamiento delante de sus Camaradas que vieron horrorizados la atrocidad desde los adarves. Sin embargo, este acto de barbarie no hizo otra cosa que dar a los defensores más fuerzas para proseguir su lucha. Es más, como respuesta,

---

132 Por ejemplo, para amortiguar los impactos de los bolaños de las bombardas turcas, se cubría la muralla con sacos de lana y pieles sin obtener resultado alguno.
133 Son construcciones exteriores no comunicadas con la muralla principal.
*Lorente, J. Tesis Op. Cit. Vol. II, apéndice lexicográfico.

200 prisioneros turcos fueron degollados en las almenas, a la vista del campo enemigo y sus cuerpos arrojados a los pies de la muralla.

Durante esas primeras Jornadas, el bombardeo osmanlí fue constante y, desde altas plataformas improvisadas, los certeros arqueros musulmanes disparaban con tino sobre los sufridos defensores. Además, éstos no eran suficientes para resguardar las murallas del exterior y del interior, con lo cual el Emperador ordenó a las tropas ubicarse protegiendo las murallas exteriores, con muy pocos efectivos en las interiores, quienes se empeñaban en lanzar proyectiles en defensa de sus compañeros avanzados. Además, el alemán Johannes Grant dirigió con gran eficacia las pequeñas bombardas bizantinas y, en especial, el *'fuego griego'*.

Para el día 12 de abril, el persistente bombardeo otomano ya había provocado en numerosos puntos de la muralla exterior enormes boquetes y brechas. Ese mismo día, dado que el conjunto total de la flota turca acababa de llegar del Mar Negro, Balta Oghe decidió volver a intentar sobrepasar la cadena de la rada, pero nuevamente fue rechazado. Un tercer intento de penetrar en el *'Cuerno de oro'* se repitió por el mismo Almirante el día 18 de abril, pero volvió a ser repelido. Esa misma Jornada, Mehmed II ordenó un asalto contra las dañadas murallas exteriores frente al Mesoteichion.

Aunque los defensores ayudados por la gente de la Ciudad, mujeres, monjas y niños que defendían su vida y sus casas, habían levantado un obstáculo de barriles, sacos terreros, maderas y cualquier material que tuvieran a mano, ese sector se presentaba como más débil que nunca.

La escena fue espectacular y estremecedora: Al son de roncos timbales y atronadoras trompas, entre una monumental sinfonía de matanza que insuflaba valor a los asaltantes, éstos aullaban como posesos consignas guerreras y religiosas con la finalidad de intimidar a los Defensores. Sin embargo, muy lejos de ello, todas las campanas de Constantinopla tocaron simultáneamente a rebato por orden del Emperador, y los hombres de Giustiniani se defendieron encarnizadamente con total determinación. Tras varias horas de salvajes combates, ya cerrada la oscuridad de la noche, los otomanos se retiraron, dejando cientos de muertos al pie de las murallas.

Como respuesta a las desesperadas peticiones de apoyo a las naciones cristianas, el 20 de abril, tres navíos genoveses, financiados por el Papado, avistaron el *'Cuerno de Oro'* comandados por el Capitán Flatanellas. Los Defensores, llenos del falso anhelo que germina en el pecho de los desesperados con cualquier síntoma promisorio, presenciaron un espectáculo épico. Grandes navíos europeos de alta borda que transportaban armas y vituallas, se acercaban a la dársena. Una nave imperial, habilitada improvisadamente para el combate, apoyó la entrada de la expedición genovesa. Entonces el viento cesó y un grupo de pequeñas embarcaciones de remo turcas bajo el mando de Batta Oghe se abatió sobre ellas como una bandada de albatros hambrientos. Un feroz combate se desarrolló durante largas horas sobre las aguas. Al fracasar en sus intentos de abordaje, los turcos optaron por incendiar los bajeles para que su carga no abasteciese a las tropas de la ciudad. También fracasaron en este propósito porque los proyectiles neurobalísticos incendiarios que impactaban en las cubiertas de los barcos eran rápidamente sofocados por sus tripulantes.

Además, desde las cubiertas y castilletes de sus naos, los genoveses gozaban de una excelente plataforma de tiro contra las, mucho más bajas de borda, embarcaciones sarracenas que los acosaban.

Al llegar el crepúsculo el viento volvió a soplar y las naves cristianas pudieron acceder a la dársena. Batta Oghe, que había quedado tuerto durante los fieros combates, fue flagelado por orden del Sultán y expulsado del ejército, siendo sustituido por Hamza Bey.

El 21 de abril, el Sultán, consciente de la imposibilidad de superar la *'Gran Cadena'*, ordenó a Zaganos Pashá la construcción de un camino de madera como plataforma de rodadura a espaldas del colaboracionista barrio genovés de Pera, entre el Bósforo y el *'Cuerno de Oro'*, mientras sus cañones bombardeaban a la flota cristiana para que no se acercase a interceptar la gigantesca labor de ingeniería.

Para el día 24 de abril, unos setenta navíos de guerra turcos habían sido trasladados a lo largo de los 12 kilómetros de lengua de tierra. Ahora, eran más del triple que los barcos defensores[134] y atrapaban a éstos entre dos fuegos. Ante ello, un grupo de bizantinos realizó el 25 de abril una salida por el *'Cuerno de Oro'*, pero fueron descubiertos y, los supervivientes a la lucha, ejecutados. El cambio dramático de las circunstancias obligaba a los infortunados Defensores de la Ciudad a cuidarse de varios kilómetros más de la muralla marítima que daba al puerto, y a la flota exigua que defendía dicha porción de mar a enfrentarse con una flota tres veces superior en número, con lo que el cansancio y la angustia de los combatientes cundió.

El 28 de abril un plan de los venecianos propuesto por Giacomo Coco destinado a incendiar los navíos intrusos turcos fracasó perdiéndose varias embarcaciones cristianas.

Giacomo Coco murió en el combate y los Soldados otomanos capturaron a varios marineros que fueron decapitados a la vista de los pobladores de Constantinopla.

Los bizantinos tomaron a varios cientos de turcos prisioneros y los degollaron a la vista del enemigo. Esta práctica revanchista acababa de convertirse en costumbre. Ni se esperaba cuartel ni se había de dar.

134 El bajel modelo bizantino era el dromon, derivado de los trirremes de la Era Clásica. Era un barco de remo, similar a la galera, de un sólo mástil, con velamen triangular latino.

Representación miniada de la época de la defensa de Constantinopla.

La artillería otomana bombardeaba sin descanso las murallas de Constantinopla lo que obligaba a sus habitantes a rellenar las brechas cada vez que la falta de luz impedía que el batir de los cañones prosiguiese. Estas peligrosas circunstancias propiciaron el estallido de forma permanente de numerosos incendios en los distintos barrios de la Ciudad.

A principios de mayo la destrucción de las defensas era avanzada, los edificios manifestaban considerables daños, los muertos eran muy numerosos y la escasez de provisiones, e incluso de munición, acuciantes. Por ello, algunos de los consejeros del Basileus le conminaron a abandonar la Ciudad y agruparse con sus hermanos en los Balcanes y la Península del Peloponeso para preservar la vida del Monarca.

Cierto es que las penurias sufridas habían hecho aparecer un llamado *'partido de la paz'* que defendía la negociación o incluso la capitulación frente a aquellos que estaban decididos a la resistencia a ultranza. El Basileus Constantino XI se reafirmó en su voluntad de morir defendiendo la Ciudad de sus antepasados como correspondía a su dignidad Imperial. En realidad, desde el punto de vista de su cosmovisión y de su carácter, no podía hacer otra cosa.

El tres de mayo de 1453, las inquietudes causadas por la falta de llegada de abastecimientos impulsaron a los bizantinos, a enviar a la Mar un barco imperial camuflado con bandera turca con la misión de intentar localizar a la escuadra de auxilio que Venecia había prometido y que se retrasaba de forma alarmante. Mientras, la logística del Sultán otomano funcionaba con precisión y el abastecimiento era munificente por lo que el estado de sus tropas no se deterioraba a pesar de la gigantesca matanza de la que eran objeto.

Aunque por unos días el bombardeo remitió en intensidad pues se estaba procediendo a la reparación del gran cañón de algunos desperfectos causados por su uso permanente, el 6 de mayo, la gran boca de fuego volvió a tronar aterradoramente. El día 7, al atardecer, miles de turcos volvieron a asaltar las murallas en el sector del Mesoteichion por el valle del Lycus. Entre el estruendo de los timbales sarracenos de un lado y las campanas cristianas de otro, grandes grupos de musulmanes equipados con herramientas de escalo alcanzaron los muros por los sectores y arremetederos en los que los zapadores turcos habían rellenado el foso.

El ataque a tumba abierta de la infantería otomana había sido preparado por un bombardeo total de las posiciones defensivas ejecutado por todas las piezas turcas a la vez[135].

135*Saad ed Din efendi. *Relation de la prise de Constantinople par Mehemed II.* (Trad. De Garcin de Tassy) París, 1826.

Un asalto de boxeo dura tres minutos y agota a los púgiles. El ataque del 7 de mayo a Constantinopla duró tres horas terribles e interminables. Las tropas de ambas partes hicieron prodigiosos esfuerzos bajo una lluvia de proyectiles. La desesperación dotó a los Defensores de un arrojo singular que les permitió taponar cada brecha abierta y resistir en cada posición parapetada. Al final de la Jornada, los turcos fueron rechazados. Sin embargo, con los fuertes impactos de los cañones, las murallas presentaban grandes brechas por donde atacaban ferozmente los Jenízaros quienes, para superar los fosos, arrojaban en ellos ramas, toneles, escombros y bloques de piedra de las murallas derruidas... para colmarlos y poder penetrar para luchar cuerpo a cuerpo con los bizantinos.

El 9 de mayo los navíos venecianos del *'Cuerno de Oro'*, abrumados por la superioridad del enemigo, fueron varados en la costa por sus Capitanes quienes dispusieron a sus marineros en la defensa de las murallas de Blaquernas. El 12 de mayo por la tarde, Blaquernas fue objeto de un feroz ataque que fue rechazado por los Bizantinos. A ello contribuyó la explosión accidental de una mina otomana que recordó a los Defensores un episodio milagroso similar acaecido en el asedio de Murad II en 1422, cuando la Virgen se apareció en los adarves de la muralla llenando de moral a los Defensores. En agradecimiento, a Ella fueron a orar, sobre todo las mujeres, a la iglesia de Panagia Hodegetria[136]. A la noche siguiente se repitió el asalto otomano, siendo nuevamente repelido. Entre los días 14 al 16 de mayo, Mehmed II ordenó dirigir el fuego de sus baterías sobre el sector de Blanquernas pero, dada su falta de eficacia, definitivamente, el Mesoteichion fue elegido como arremetedero turco. Así, desde el 17 de mayo, el Mesoteichion fue objeto de un terrible e incesante bombardeo. Durante esa misma Jornada, los bizantinos descubrieron que las murallas de Blaquernas, a la altura de la puerta Kaligaria, estaban siendo minadas por zapadores mercenarios serbios al servicio del Sultán.

136*Turnbull, Stephen. Op. Cit. pp-43-45.

Frente a ello, el Mega Duque Lucas Notaras y el ingeniero Johannes Grant dirigieron una contramina y volaron el túnel de los serbios con ellos dentro. Esta labor continuó inundando, quemando, volando y llenando de azufre las minas. Una segunda mina turca fue inundada cerca de puerta Kaligaria. La tercera mina de puerta Blaquernas fue igualmente inutilizada[137].

El 18 de mayo se realizó otro brioso asalto de infantería otomana apoyado por una torre móvil de asedio hecha con madera local que fue trasladada por los turcos sobre las murallas del Mesoteichion[138]. Esta torre estaba recubierta con pieles frescas de animales para frenar las flechas y evitar su incendio durante los asaltos con proyectiles fumígrnos.

---

137 Minas: Técnica poliorcética de la antigüedad que se usaba para expugnar fortalezas derribando sus murallas. Consistía en la excavación de una galería subterránea desde las posiciones del asediante hasta alcanzar los cimientos de la muralla enemiga. Una vez allí se ampliaba la excavación entibándola. La destrucción súbita del entibado, provocada por el asediante —normalmente por una combustión controlada del entibado y cronológicamente coordinada con un asalto simultáneo al desplome de los muros—, implicaba el hundimiento de la muralla. Con la aparición de la pólvora, la combustión del apuntalamiento se sustituyó por el emplazamiento de hornillos de este explosivo alcanzando resultados demoledores. Esta antigua técnica tuvo un uso legendario, durante la Edad Moderna, en el Sitio de Constantinopla y en el Mediterráneo. En historia contemporánea la técnica de minas se practicó por las tropas de Napoleón I en el Segundo Sitio de Zaragoza, en la Guerra de Secesión Americana y en la Guerra Civil Española en el Alcázar de Toledo.
*Lorente, J. Op. Cit. pág. 48.

138 Torre de Asedio: Máquina poliorcética fabricada con poderosos puntales y bastidores, en cuya estructura hueca se hallan escalas para coronar su altura. Su cresta se acomodaba a la altura del adarve de la muralla que se pretendía asaltar. Estaba, generalmente, blindada con tablones recubiertos con pieles frescas de animal para evitar su incendio. Desplazable con ruedas o rodillos, se aproximaba a la estructura enemiga y facilitaba el acceso al interior por parte de la infantería de asalto.
*Eneas el Táctico. *Poliorcética.* Gredos. Madrid, 1991.

Además, estaba previsto elaborar un terraplén sobre el foso que lo colmase con una pista artificial para poder arrimar la torre a las murallas y facilitar el asalto desde su interior, que por su altura alcanzaba con comodidad los adarves. Sin embargo, esa noche, un comando bizantino consiguió trasladar varios barriles de pólvora hacia la torre y hacerla explotar; idéntica destrucción corrieron otras torres construidas por los otomanos en distintos lugares de las murallas.

El 21 de mayo, la flota otomana, esta vez dirigida por Hamza Bey, trató de doblegar de nuevo infructuosamente la gran cadena en un intento de que el grueso de la armada se agrupase con las naves que habían sido trasladadas hasta el estuario por vía terrestre.

Continuando con su particular guerra de minas, el día 23 de mayo de 1453, los valientes guerreros de Lucas Notaras y Johannes Grant capturaron a un grupo de zapadores enemigos que intentaban hacer progresar una mina en el sector de Blanquernas. Entre ellos formaba un oficial otomano, quien tras ser objeto de furiosa tortura, acabó por indicar cada uno de los puntos donde se estaba excavando bajo las murallas. Con esta información, los bizantinos desarticularon cada unidad de zapa con eficacia.

Ese mismo día Constantino XI recibió a Ismaíl, Príncipe de Sinope quien, en misión diplomática, expuso una nueva oferta de capitulación. La misma exigía el pago de 100.000 besantes[139] anuales a cambio de levantamiento del asedio de la Ciudad. El Basileus, rechazó la oferta. Las razones iban más allá de la tozudez: Constantinopla no podría afrontar el pago, ni siquiera a medio plazo y, junto a su ruina, su exterminio acabaría por llegar de igual manera. Además, en ese comprometido momento, regresó el barco espía bizantino con noticias desalentadoras:

---

139 Besante o Solidus: Moneda bizantina de oro (13'6 grms.) que, por su acreditación en valor de acuñación, circuló tanto en el mundo cristiano como en el musulmán.

El mismo, informó que no había hallado flota de auxilio alguna en ninguno de los puertos en los que había recalado. Aun así, regresaban conscientes de su destino para servir al Emperador hasta la muerte.

Constantino XI, consciente de que era el final, habló a sus hombres con la total franqueza del que carece de toda esperanza. Recordó a sus Camaradas el glorioso pasado que adornaba su linaje, les pidió que fueran consecuentes con el mismo con dignidad y valor y agradeció la ayuda prestada por Italianos y Aragoneses.

El 24 de mayo la Ciudad ya era conocedora de que estaba sola en la lucha y que dependían únicamente de sus propias fuerzas, que ya estaban al límite del agotamiento total. A esta realidad material se unió el factor de los malos augurios, siempre presentes en las situaciones de desesperación colectiva. Aunque se multiplicaron las procesiones religiosas, estas fueron maltratadas por acontecimientos atmosféricos como granizo y lluvias torrenciales. Incluso en una de ellas el icono de la Virgen se cayó al suelo para desazón de los fieles. Además, esa misma noche, hubo un eclipse lunar, y los bizantinos recordaron la antigua profecía que auguraba que la Ciudad jamás se perdería mientras que la Luna, símbolo de la antigua Bizancio, brillase en el cielo. Para colmo, al día siguiente, se vieron en los cielos extraños resplandores y luminiscencias, hecho que conmovió profundamente todos los espíritus. En esos días la situación de la moral en Constantinopla era de desasosiego, ansiedad y preocupación. Los bizantinos estaban exhaustos, sus murallas se desmoronaban y Occidente los había abandonado.

Por su parte y a pesar de su posición hegemónica, en el campo musulmán existía la inquietud causada porque sus asaltos se hubiesen rechazado uno tras otro por parte de un enemigo con fuerzas tan menguadas. Es más, tras ser repelidos nuevamente los asaltos del día 27 de mayo, el Gran Visir Kalin Pashá aconsejó al Sultán abandonar el sitio.

Sin embargo, en la conciencia de que a esas alturas había cuatro torres muy afectadas y el foso estaba colmado en numerosos sectores, Mehmed II decidió que su ejército se preparase para un definitivo asalto final.

En esta idea comenzaron en el campo musulmán los preparativos para la ejecución de la misión que pondría fin a un Imperio.

LEYENDA DEL PLANO DEL ATAQUE OTOMANO

1- Intentos de romper la *'Gran Cadena'* del 9, 12, 18 de abril y del 21 de mayo.

2- Transporte terrestre de galeras turcas del 21 al 24 de abril.

3- Ataque naval turco repelido el 29 de mayo.

4- Colina de Meltepé, Campamento de Mehmed II.

5- Posición de Zagán Pashá.

6- Posición de Karadja Pashá.

7- Posición de Isaac Pashá.

8- Posición del Visir Kalin Pashá.

9- Ataques del 18 de abril y del 7, 18 y 27 de mayo.

10- Ataques sobre Blaquernas del 12 y el 16 de mayo.

11- Ataque a puertas de S. Romano y V Militar del 29 de mayo.

12- Caída en combate de Giovanni Giustiniani.

13- Penetración otomana por la Kerkoporta.

14- Caída en combate del Basileus Constantino XI en la puerta Karisia.

Plano del ataque Otomano

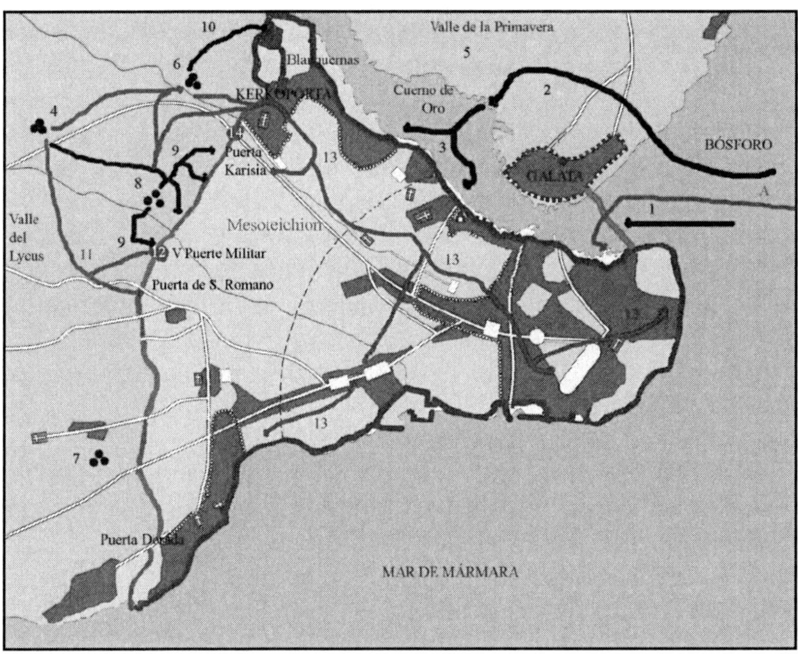

El Sultán decidió dar sosiego a sus tropas el 28 de mayo con la finalidad que estuviesen descansados y frescos para el gran asalto final. Además, para caldear su ánimo y espolear su ambición, les prometió tres días de libre saqueo de la ciudad conquistada y un puesto de Bey al primer musulmán que coronase las murallas de Constantinopla. Ese icónico amanecer eclosionó con un estruendoso silencio en todo el campo otomano que llenó de malos presagios a los Defensores. El inteligente Constantino XI, buen conocedor de la psicología de su pueblo, dio orden de que las campanas de todas sus iglesias replicasen a gloria llenando el vacío de la atmosfera con sus tañidos.

En aquellos momentos, el Emperador y su gente rezaron juntos en Santa Sofía por última vez, en su última misa, antes de ocupar sus puestos de combate que serían sus tumbas.

El fatídico día 29 de mayo de 1453 fue considerado por los astrólogos musulmanes como propicio para lograr el objetivo de la toma de Constantinopla. Así se hizo: A las tres de la madrugada dio comienzo el ataque total sobre las murallas. Mehmed II lanzó su primer asalto formado por miles de Soldados llegados de los diferentes territorios del Imperio y algunos mercenarios europeos sin escrúpulos, llamados Bashi-bazuks. Estas hordas estaban integradas por serbios, búlgaros, italianos, alemanes y también turcos irregulares, que formaban un grupo poco uniforme de mercenarios que luchaban solamente por la paga y su parte en el saqueo. Tropas de baja calidad, eran hostigadas en su retaguardia por los mismos Jenízaros, que no los dejaban escapar ni retroceder. Eran *'carne de cañón'* destinada a desgastar las fuerzas de los Defensores.

Enloquecidos e incentivados por las promesas del Sultán, los Bachi se abalanzaron en varios puntos de las murallas, pero en especial en el sector arruinado del Mesoteichion. Los Defensores, algunos mal heridos o enfermos, no escatimaron esfuerzos y rechazaron a los turcos, produciéndoles cientos de bajas.

La idea del Sultán era fatigar a los Defensores con esta patulea en la Puerta de San Romano, y desgastarlos antes de verificar los siguientes ataques de tropas más bregadas y eficaces. En efecto, tras algunas horas, esta tropa fue repelida pero, casi de inmediato y sin dar un sólo respiro a los defensores, una nueva oleada musulmana se lanzó al asalto. Esta vez se trataba de buenos Soldados, musulmanes anatolios, los Azabs, disciplinados, bien instruidos y armados y acostumbrados a la guerra. Sin embargo, también fueron contenidos una y otra vez, y repelidos durante más de dos horas por los valientes Defensores que, aun agotados, no cejaban en la defensa. En las murallas de la marina, las tropas de Zagán Pashá y Karadje Pashá también fueron contenidas y rechazadas.

Al clarear el día, el gran cañón de Orbán abrió una brecha en la muralla por la cual se abalanzaron los infantes turcos en una última esperanza de que su ataque no fuese infructuoso. Constantino en persona coordinó una cadena humana que detuvo de forma escalonada a los Azabs mientras la gran brecha abierta en la muralla trataba de ser reparada.

Mehmed II reservó para el tercer y definitivo asalto a sus Jenízaros. Éstos estaban descansados, excelentemente entrenados, pertrechados y motivados y despreciaban a la muerte. Avanzaron agrupados, con calma, siendo sus huecos, causados por las bajas, inmediatamente reemplazados por refrescos. La carga principal se ejecutó sobre la Quinta Puerta Militar, donde, para su sorpresa, la moral de los Defensores todavía estaba alta a pesar del cansancio, y donde se libraban encarnizados combates singulares.

Entonces, luchando en primera línea, el heroico Giovanni Giustiniani, resultó gravemente herido[140]. Sus Camaradas lo retiraron del frente para ser atendido. Constantino, avisado de ello de inmediato, fue hacia él y lo quiso convencer de que no se alejase de la posición dada la enorme importancia de su presencia moral en el Campo del Honor. Sin embargo, el bravo genovés estaba agonizante. Cuando el resto de sus Soldados vieron que se llevaban a su Capitán pasó lo que era de esperar: Desmoralizados abandonaron sus puestos en la muralla, justo en el preciso momento en que arreciaban los ataques Jenízaros. Aun completamente solos, los valerosos guerreros bizantinos mantuvieron sus posiciones.

En ese fatal instante, los valerosos combatientes cristianos vieron ondear la bandera de la media luna en una de las torres de Blanquernas ¿Qué había pasado? Determinado a asumir su destino, al observar este infausto acontecimiento, el Emperador, se dirigió tan raudo como desesperado al sector amenazado acom-

140 La herida mortal de Giustiniani es uno de los grandes misterios de la épica gesta. Algunos autores hablan del impacto de un fragmento de proyectil de arma de fuego, otros de su asesinato por la espalda por un traidor pagado por el Sultán y algunos que fue un golpe de pica dado por un Jenízaro en el curso del combate. Todo puede ser.

pañado de su primo Teófilo, Juan Dálmata y el Español Francisco de Toledo, junto a los más leales de sus Soldados. Era el principio del fin. La realidad que daba respuesta a la precitada incógnita era desalentadora: Como en las más dramáticas tragedias griegas, había, en el lado norte de la muralla terrestre de la Ciudad, un portillo ubicado en el barrio de Blaquernas conocido como la Kerkoporta[141]. Utilizada en la antigüedad como salida de emergencia, permaneció tapiada durante siglos porque un augur pronosticó que por allí entrarían quienes propiciasen la destrucción definitiva de Constantinopla.

Durante el Gran Asedio, la misma fue reabierta por los Defensores para ejecutar salidas punitivas o tácticas. Fue, inexplicablemente, descubierta abierta por un Jenízaro cuyo nombre no ha acreditado la historia[142]. ¿Negligencia criminal o traición?

Aprovechando la infortunada circunstancia, medio centenar de enemigos franquearon su estrecho dintel y, en un gesto de audacia, se dirigieron a la torre más cercana (semidefendida por la falta de disponibilidad de tropas) e izaron en ella la bandera del islam, visible desde todo el recinto. Al llegar al punto crítico junto a sus leales, el bravo Basileus, logró exterminar a los incursores apoyado por los valerosos soldados de élite de los hermanos Bocchiardi y el veneciano Minotto. Tras ello pasaron a reforzar el Mesoteichion, donde, desolados encontraron a sus Camaradas masacrados en el sector entre muros y a los Jenízaros dueños de la situación. Constantino inició la última carga que los llevó a la muerte y, a la vez, a la inmortalidad, al lado de su mejor amigo Jorge Frantzes.

---

141 La Kerkoporta, estaba a unos 400 mts. de la puerta Karisia. La muralla exterior estaba defendida por los venecianos del síndico Minotto y los hermanos Bocchiardi. Dado que el recinto era doble, las fuerzas estaban más dispersas, por lo que la 1ª muralla, muy dañada por la artillería fue tomada en el 3º asalto, aunque la 2ª seguía intacta. Nunca se sabrá si quedó abierta por un criminal descuido o por traición.
*González Cremona, J M. *El Azar y la Historia.* Planeta Barcelona 1994. pp. 47-58.
142 Cuenta la tradición que se llamaba Hassan de Bitinia y que murió víctima de una lluvia de flechas bizantinas.

Los combates en las calles de Constantinopla fueron librados barrio a barrio, entre gran confusión, por lo que el ejército turco ocupó la Ciudad rápidamente, abriendo puerta tras puerta de las murallas, empezando por la Karisia, para que el resto del ejército invasor penetrara en la Ciudad. Solamente unos pocos habitantes de Constantinopla, especialmente italianos, lograron salvarse embarcados en naves venecianas. Mientras, los asaltantes saqueaban sin límite ni control y mataban a todo el que se cruzase en su camino, algunos sectores de Constantinopla aún resistían el ataque otomano. En la zona de la muralla marítima, cretenses y aragoneses combatieron hasta el último hombre.

De tal guisa, murieron muchos valientes Soldados atrapados entre dos fuegos, otros fueron capturados y asesinados al instante y muchos más fueron hechos cautivos.

La mayoría de los combatientes extranjeros como Venecianos, los genoveses o los Aragoneses fueron muertos en el acto, mientras que los bizantinos más notables, los menos, fueron perdonados al principio en espera de suculento rescate.

LA HEROICA MUERTE DEL ÚLTIMO EMPERADOR

La muerte de Constantino XI es una de las grandes leyendas del épico asedio. El Emperador, lleno de dignidad y respeto a sus antepasados, supo luchar hasta la muerte en Defensa de las murallas de Constantinopla y, en realidad, del Occidente Cristiano.

Constantino permaneció todo el asedio combatiendo valerosamente, como un simple Soldado sin los emblemas de su rango. El mundo fue testigo del postrer y heroico esfuerzo del Basileus que, a la desesperada, trató de frenar el avance turco. Constantino murió en combate, al frente de sus hombres, luchando como un Héroe épico y haciendo honor a su linaje hasta los orígenes de su estirpe. Consciente de que era el final, habló a sus hombres con la franqueza del que ya no espera nada. Recordó a sus súbditos el glorioso pasado que adornaba su linaje y les pidió que fueran consecuentes con él.

La noticia de su fin fue acogida con gran satisfacción por el Sultán, pues su figura había representado el espíritu de la resistencia bizantina. Al no hallarse su cuerpo, el cadáver de un Oficial bizantino ocupó su lugar como trofeo, en un gesto de propaganda que acreditase la muerte del Basileus y su falsa cabeza fue entregada a Mehmed II por el Jenízaro de origen polaco Safaler. Así nacía la figura de un nuevo mito, un campeón de la libertad que se mantuvo al frente de la Defensa hasta el último suspiro sin pensar en retirarse ni huir. De tal forma permanecerá en el corazón del pueblo griego en la larga lucha por su independencia[143].

Su gran amigo y buen soldado, el General Giovanni Longo también murió, a causa de las heridas recibidas en combate, en la isla de Quíos, donde, paradójicamente se encontraba anclada la prometida escuadra veneciana de auxilio a la espera de vientos favorables. Cuatro mil valientes defensores cristianos habían seguido los pasos de su Emperador y decenas de miles fueron sometidos a la esclavitud.

Los turcos saquearon Constantinopla durante tres días, si bien, el Sultán Mehmed II exigió que los edificios públicos, los monumentos y las murallas[144] no fuesen dañados, gracias a esto se han podido conservar algunos de ellos hasta la actualidad.

143*Nicol, Donald M. *The Immortal Emperor: The Life and Legend of Constantine Palaiologos, Last Emperor of the Romans.* 2002.

144 Gran parte de las murallas permanecieron intactas durante la mayor parte del período otomano hasta que las secciones comenzaron a ser desmanteladas en el siglo XIX, al ir creciendo la Ciudad fuera de sus límites medievales. A pesar de la subsecuente falta de mantenimiento, muchos tramos de las murallas han sobrevivido y están en pie hoy en día. En los últimos años, ha estado en curso un programa de restauración a gran escala que permitiría al visitante apreciar su apariencia original.

Bien entrada la tarde, de aquel funesto 29 de mayo de 1453, en el que la Cristiandad perdió su perla oriental, Mehmed II entró en la Ciudad junto a sus Generales Zağanos Pashá y Mahmud Pashá por la puerta Karisia.

El Sultán fue aclamado por sus enfervorecidas tropas como *'al Fātih'*, o sea *'el Conquistador'*. Como tal, se dirigió a la Catedral de Santa Sofía[145], desmontó enfrente de la gran iglesia y se arrodilló, tomando un poco de tierra que se la puso por encima del turbante como gesto de humildad ante su Dios Alá. Ordenó que la misma fuera transformada en mezquita y, asimismo, dispuso la rehabilitación de las magníficas murallas y la repoblación de la Plaza como Capital del Imperio desplazando masas poblacionales desde todas sus provincias[146].

En todo caso, la destrucción de los tesoros de una Constantinopla tan esquilmada a lo largo de los siglos fue casi extintiva. Como lamentable ejemplo podemos citar la Hodogetria, icono ortodoxo de la Virgen Santa María pintado, según la tradición protocristiana por San Lucas Evangelista, discípulo de Pablo de Tarso. La misma suerte corrió la antigua Iglesia construida por Constantino *'el Grande'* de los Santos Apóstoles o Apostoleion que, arrasada hasta los cimientos, fue sustituida por la mezquita consagrada al gran saqueador y llamada de *Al-Fātih*.

---

145 Santa Sofía: Hagia Sophia o Santa Sabiduría, fundada en el 360. Magnífica y exquisita creación arquitectónica dotada de una inigualable cúpula, acabó por ser una de las más emblemáticas mezquitas del islam.

146*Ostrogorsky, George (2005). *Historia del Imperio Bizantino.* Einaudi. Milán, 2005.

Capítulo V

CONSECUENCIAS: DOS CIVILIZACIONES ENFRENTADAS

Constantinopla pasó a ser la capital del Imperio otomano y el mundo empezó a cambiar[147]. La caída de Constantinopla causó una gran conmoción en Occidente. Toda la Cristiandad vio la realidad: El inmenso triunfo del islam sobre el cristianismo, y la desaparición definitiva de una civilización única, memorable, romana, helénica y cristiana, que ya no volvería a resurgir.

Por una parte, las grandes naciones cristianas y Roma se mostraron muy alarmadas por el posicionamiento geoestratégico que había adquirido el Imperio Otomano. Por otra, surgieron ampollas entre los grandes comerciantes europeos que consideraban muy amenazados sus intereses y la continuidad de su negocio. En efecto, con Constantinopla bajo dominio musulmán, el comercio entre Europa y Asia declinó súbitamente. Ni por tierra ni por mar los mercaderes cristianos conseguirían pasaje para las rutas que llevaban a la India y a China que ofrecían interesantes productos a Europa donde no se producían pero su consumo era necesario.

Los mezquinos genoveses se apresuraron a presentar sus credenciales diplomáticas al Sultán y así pudieron mantener sus negocios en Pera (Gálata), cuando menos por algún tiempo, porque los vencedores no pagan a los traidores.

147*Young, Georges. *Constantinople.* París, 1948.

Por otra parte, la interrupción de *la 'Ruta de la Seda'* provocó expediciones dirigidas a la búsqueda de nuevos trayectos mercantiles. De esta manera, Castilla financió la expedición de Cristóbal Colón de 1492 que descubrió las Indias Occidentales y Portugal logró alcanzar Asia circunnavegando África, con el viaje de Vasco da Gama realizado entre los años 1497 y 1498.

Pasada la vorágine del saqueo, la venganza y los abusos de la soldadesca, Mehmed II inició una suave política de tolerancia religiosa. Así, los bizantinos ortodoxos fueron autorizados para residir en la Ciudad bajo la autoridad religiosa del Patriarca Jorge Scolarios, que adoptó el nombre de Genadio II. Sin embargo, solamente era una situación transitoria en espera de que se completase el asentamiento de la población musulmana.

Por otra parte, el derecho de la jefatura de la Iglesia Cristiana Oriental fue reclamada por los Grandes Duques de Moscú, sucesores del Rus de Kiev en 1340, desde Iván III. Su nieto Iván IV *'el Terrible'*[148], primer Zar de Rusia apadrinó la idea de que Moscú era la heredera legítima de Roma y Constantinopla, o sea la Tercera Roma.

148*Koslow, Jules. *Ivan el Terrible.* Ediciones Selectas, Madrid, 1966.

II PARTE

EL GRAN ASEDIO DE MALTA

Capítulo VI

CAUSAS DE LA EXPEDICIÓN Y MOTIVOS DE LA DEFENSA

El Mediterráneo se convirtió en el punto más caliente de las fronteras de la Monarquía Hispánica el 18 de mayo de 1565, cuando dio comienzo el épico Gran Sitio de Malta.

Malta es la más grande de las islas del archipiélago homónimo integrado por Malta, Gozo[149], Comino[150] y los islotes deshabitados de Cominotto, Filfla[151] y San Pablo[152].

Su estratégica posición mediterránea entre Sicilia, Túnez y Libia, hace de ella una posesión marítima muy valiosa pues, en la época que estudiamos era la tercera llave del Mediterráneo junto con Gibraltar y Constantinopla[153].

---

149 Gozo: Isla situada a 6 kmts. al noroeste de Malta y posee una forma oval, con 14 km de largo y 7'25 km en su punto más ancho.

150 Comino: Isla de 3'5 km² de superficie, situada entre Malta y Gozo, su nombre deriva de la especia homónima que abunda en la isla. Habitada desde época romana, el profeta cabalista Abraham Abulafia se enclaustró allí a escribir su *Libro del Signo*. Los Caballeros de Malta la utilizaron como reserva de caza (1530) y erigieron la torre de vigilancia de Santa María (1618) por orden del Gran Maestre Wignacourt, según planos del arquitecto maltés Vittorio Cassar. La batería artillera de Santa María fue construida en 1716 para proteger el canal marítimo al sur de la isla.

151 Filfla (Filfola): Es el más pequeño de los islotes del archipiélago maltés que se eleva en su extremo sureste con una roca contigua llamada Filfoletta. Su única construcción, una capilla habilitada dentro de una cueva en 1343, fue destruida por un terremoto en 1856.

152 Islas de San Pablo (Selmunett): Islotes planos y bajos que se encuentran en la Bahía de San Pablo en la Isla de Malta. Cuenta la leyenda que San Pablo arribó allí en su viaje desde Palestina a Roma.

153 Hoy en día hay que añadir la cuarta llave del Canal de Suez.

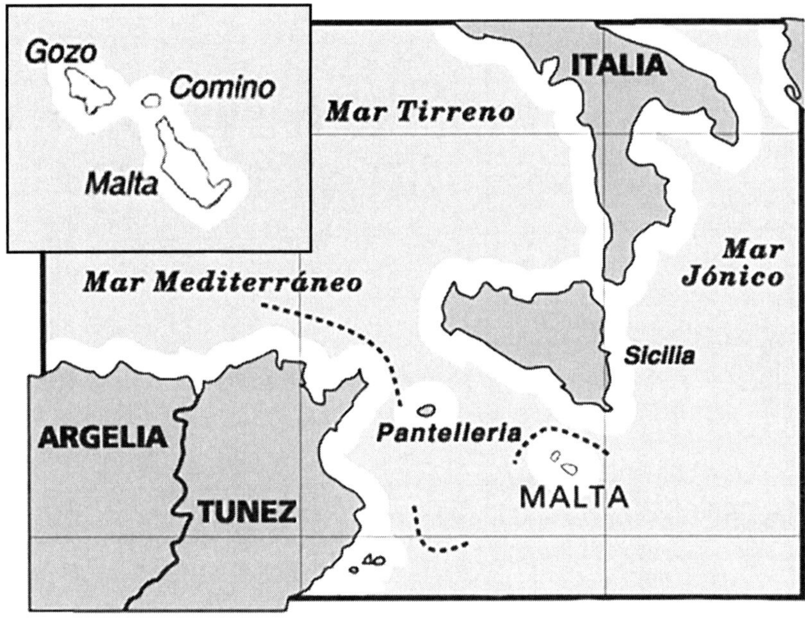

Malta, sus islas (Gozo y Comino) y su posición en el Mediterráneo.

El año 1190, el normando Roger de Hautville, Conde de Sicilia, conquistó Malta, siendo hasta entones musulmana o judía la práctica totalidad de su población[154]. En 1224, el Emperador del Sacro Imperio Romano Germánico y Rey de Sicilia Federico II Hohenstaufen, repobló la isla con deportados rebeldes, todos de fe cristiana.

En 1282 el Rey de Aragón Pedro III impuso su Dinastía en el archipiélago con una flota comandada por su legendario Almirante Roger de Lauria[155]. Aunque los sarracenos magrebíes ata-

154 Los colores del estandarte normando, el rojo y el blanco, configuran en la actualidad la bandera nacional maltesa.
155 Roger de Lauria (1250-1305): Fue un distinguido marino de origen italiano al servicio de la Corona de Aragón. Fue nombrado Almirante el año 1283 encomendándosele la defensa de Sicilia. En esta misión logró un importante triunfo sobre los francófonos Angevinos en Malta. [Continúa en la pág. siguiente].

caron la isla en el año 1429, las armas aragonesas supieron mantener la posición. De hecho, el dominio aragonés fue permanente en el archipiélago hasta que, el año de 1530, el Emperador Carlos V las cedió en arrendamiento a la Orden Militar de los Caballeros Hospitalarios de San Juan de Jerusalén[156] que habían sido expulsados por los otomanos de Oriente Medio

En efecto, el 1522, la Orden Militar había sido expulsada de Rodas por el Sultán Solimán *'el Magnífico'*, aun a pesar de un inconmensurable coste de vidas.

De tal forma, era necesario encontrar un nuevo asentamiento estratégico donde pudiesen salvaguardar su personalidad, misión y soberanía. Este emplazamiento no era del todo del agrado de los Caballeros Hospitalarios por diversas causas: El archipiélago era muy pobre en recursos alimenticios y agua por lo que sus moradores se encontraban, en gran manera, a expensas de abastecimientos exteriores, sobre todo de Sicilia o Nápoles. Por otra parte, las defensas estáticas eran, en esa época, muy imper-

---

[Viene de la pág. anterior]. Al año siguiente derrotó y capturó a su caudillo Carlos II *'el Cojo'*. Tras ello, saqueó Calabria y conquistó la tunecina isla de D'Jerba. En 1285, defendió las costas catalanas de los franceses. De vuelta a Italia en 1287, venció de nuevo a los Angevinos. Tras el Tratado de Caltabellotta (1302), se retiró a Valencia donde murió en su cama.

156 El 1048, los mercaderes de la ciudad italiana de Amalfi fundaron en Jerusalén un monasterio benedictino con un hospital dedicado a San Juan Bautista destinado a acoger peregrinos. El 1099, durante la 1ª Cruzada, Godofredo de Bouillon, reemplazó a los monjes por una nueva Orden Militar llamada de los Hospitalarios de San Juan. Vestían un hábito negro con la cruz blanca de Amalfi (Cruz de Malta). Las ocho puntas de su emblema representaban las ocho bienaventuranzas del Sermón de la Montaña. El 1113, el Papa Pascual II sancionó la Regla de la Orden y su servicio de armas para proteger a los peregrinos de los ataques musulmanes. Cuando Saladino tomó Jerusalén el 1187, la Orden debió retirarse a San Juan de Acre donde se asentó en el 1191. 100 años después la plaza también hubo de ser abandonada frente a los Mamelucos trasladándose la Orden a Limasol (Chipre). En mayo de 1306 adquirieron las islas de Rodas y Leros y dos terceras partes de la Isla de Kos (Dodecaneso). Rodas fue una importante base naval para combatir el corso musulmán. Tras 200 años en Rodas, en 1522, después de seis meses de asedio, Solimán *'el Magnífico'* les arrebató la posición.

fectas y de todo punto insuficientes y el Gran Maestre se vio obligado a reconocerse vasallo del Emperador Carlos V, como Rey de Sicilia que era, jurándole lealtad y haciendo entrega cada año de un halcón de cetrería como tributo simbólico. Según la leyenda el primer halcón era de oro macizo y piedras preciosas[157].

Como añadido, en el *'paquete'* se incluía Trípoli[158], enclavada en territorio hostil, pero necesaria para frenar los avances otomanos sobre el Mediterráneo Occidental.

Puede parecer a simple vista que Carlos de Habsburgo era un Monarca de gran generosidad al entregar, por un precio simbólico, un enclave de tal importancia que, a pesar de sus problemas logísticos, representaba un punto de primerísima magnitud geoestratégica mediterránea. Sin embargo, no era así. La Orden Militar era muy prestigiosa y disponía de una gran capacidad de combate, por lo que había de custodiar para la Cristiandad y con eficacia el *'Ombligo del Mediterráneo'*.

Ese año de 1530 llegaron a la isla 4.000 exiliados desde Rodas entre Caballeros y cristianos griegos que huían del avance del islam. A partir de este punto de inflexión, la Orden de los Caballeros Hospitalarios empezó a ser conocida como Orden de Malta[159]. Los Caballeros de Malta conservaron su estructura militar y su propia flota.

---

157 El Acta de cesión del archipiélago se verificó en Castello Franco. El Halcón Maltés adiestrado en cetrería había de entregarse cada año el día de *'Todos los Santos'* (1º de noviembre). Durante el s. XVI el tributo simbólico fue recibido por el Virrey de Sicilia y, posteriormente, en la Corte de Madrid. Los Caballeros de Malta cumplieron puntualmente con este compromiso hasta que su expulsión de enclave por Napoleón Bonaparte en 1798.
158 Trípoli (Tarabulus al-Gharb): Ciudad portuaria Libia fundada por los fenicios en el s. VII a.C. como Oea. Colonia romana, fue incorporada al Imperio bizantino entre el 533 y el 642, año en que cayó en poder musulmán. Fue ocupada por los españoles entre 1510 y 1530, cuando fue cedida a la Orden de Malta. En 1551 fue conquistada por los otomanos convirtiéndose en un centro pirático.
159*Castillo, Denis A. *The Maltese Cross: A Strategic History of Malta*. Praeger Security International, 2006.

La armada que recaló en la dársena del Gran Puerto de Malta (futura ciudad de La Valletta) estaba compuesta solamente por 8 galeras, pero habría de convertirse en una de las más poderosas del Mediterráneo de la Edad Moderna.

A la sazón, la ciudad fortificada de Medina se elevaba sobre una colina de 213 mts. de altura[160] y a 11 kmts. de la actual Valle-tta. Urbe de gran tradición, albergaba el poder aristocrático local en sus antiguos palacios normandos y a las fuerzas vivas de la isla. Como la Orden no estaba interesada en enfrentarse con los isleños, sino que buscaba armonizarse con ellos previendo una larga estancia, como así fue. Su Gran Maestre juró los fueros del país y los Caballeros optaron por establecerse en la pequeña ciudad costera de Birgu (actual Vittoriosa). Por otra parte, ello permitiría a la Orden el control del Gran Puerto, esencial para convertirse en una fuerza naval mediterránea de primer orden.

En el verano de 1551 los corsarios Turgut Reis *'Dragut'* y Sinán Pashá[161] atacaron Malta con unos 10.000 efectivos. Tras ser rechazados frente a las sólidas murallas de Medina, se dirigieron a la islilla de Gozo. Su ciudadela fue sistemáticamente bombardeada durante varios días, hasta que su Gobernador Galatian de Sesse, capituló. 5.000 cautivos (toda la población local) fueron llevados a Constantinopla para venderse en el mercado de esclavos. Tras ello, Dragut se dirigió sobre Trípoli, bravamente defendida por Gaspar de Vallier solamente con 30 Caballeros y 630 mercenarios calabreses y sicilianos. La ciudad fue tomada tras una feroz defensa.

---

160 Más que considerable para la isla de 34 Kmts. De largo por 14 de ancho y cuya altitud máxima es de 239 mts.

161 Koca Sinan Pasha (1506-1596): Renegado albanés protagonizó una brillante carrera militar al servicio del Imperio Otomano. En 1580, mandó el ejército otomano contra los persas Safawíes siendo nombrado Gran Visir por el Sultán Murad III. En 1589 fue gobernador de Damasco y de nuevo Gran Visir tras la gran revuelta de los Jenízaros contra el poder real. A partir de 1593 dirigió el ejército otomano en la guerra contra los Habsburgo, hasta su repentina muerte en 1596. Sin duda es uno de los militares turcos más capaces y sanguinarios de la historia moderna.

Al año siguiente, y ante la creciente amenaza otomano-berberisca, el Gran Maestre Juan de Omedes fue convencido por el Caballero Leone Strozzi para fortificar todo el sector del Gran Puerto. De tal manera, se reforzó el fuerte del Santo Ángel en Birgu y se construyeron dos fortalezas de nueva planta: La de San Miguel en el promontorio de Senglea (Punta Isola), protegiendo el Burgo, y la de San Telmo, en la falda de la península del Monte Sciberras (actual centro urbano de La Valletta). Los dos fuertes nuevos se construyeron en apenas seis meses en 1552 por el ingeniero español Pedro Pardo, según el modelo avaluartado[162]. En 1557 Jean Parisot de la Vallette[163] (dcha.) fue elegido Gran Maestre de la Orden. Entre sus principales medidas fueron promocionar el corso contra las naves moras capturando numerosos cautivos que determinaron un importante beneficio económico para la Orden de Malta[164].

162*Stephenson, Charles. *The Fortifications of Malta, 1530-1945.* Osprey. Oxford, 2003.

163 Jean Parisot de La Vallette (1494-1568): Miembro de una noble familia francesa, ingresó en la Lengua de Provenza como Caballero de la Orden Hospitalaria. Destacó en el Asedio de Rodas en 1523 y acompañó al Gran Maestre Philippe Villiers en su traslado a Malta en 1530. En 1538 fue mandado a Trípoli como Gobernador. En 1554 fue elegido Capitán General de Galeras. En 1557 fue nombrado Gran Maestre a la muerte de Claude de Sengle. El mayor éxito de su vida fue repeler a los otomanos en el Gran Asedio de 1565. Tras el mismo ordenó la construcción de la nueva ciudad de La Valletta en las faldas del Sciberras que fue una idónea combinación de urbanismo y fortificación.

164*Wettinger, G. *Slavery in the Islands of Malta and Gozo*. Publishers Enterprise. Malta, 2002.

Por cierto que el legendario Mathurin de Romegas[165], héroe de la Jornada de Lepanto del 7 de octubre de 1571, fue uno de sus más destacados corsarios.

En 1559, Felipe II organizó una expedición punitiva contra el corso berberisco, pero la misma acabó con la desastrosa derrota cristiana de la isla de D'Jerba (Túnez) a manos del Almirante Pialí Bajá[166], en mayo de 1560. Este revés causó importantes daños entre las naves de la cristiandad y animó al Solimán I a impulsar su campaña expansionista en el Mediterráneo Occidental. El primer objetivo había de ser el archipiélago maltés.

---

165 Mathurin d'Aux de Lescout (Romegas -1525-1581-): Caballero Hospitalario y legendario corsario maltés, fue hombre próximo al Maestre A las órdenes del General Gozón de Melac, se enfrentó repetidamente a las naves de Dragut. En 1564, participó en la toma del Peñón de Vélez con la flota de Leyva y García Álvarez de Toledo. Ese año, capturó una poderosa galera otomana guarnecida por 200 Jenízaros en Cefalonia tomando como rehenes a miembros de la familia del Sultán. Su participación en la defensa de Malta en el ataque turco de 1565 fue sobresaliente. En la Jornada de Lepanto de 1571, a las órdenes del Almirante pontificio Marco Antonio Colonna, luchó con singular bravura. En 1575 fue nombrado General de galeras de la Orden y poco después Gran Prior de Toulouse. Cuando, en 1581, se produjo una conspiración palaciega contra el Gran Maestre Jean de la Cassiere, Romegas fue leal a su superior, muriendo poco después, triste y relegado.
*Testa, Carmel. Romegas. Midsea Book. Malta, 2002.

166 Pialí Bajá (1515-1578): Almirante turco, saqueó las islas de Elba y Córcega junto a Dragut y a Salíh Reis. En 1555, junto a la flota de Francisco I de Francia contra los españoles. En 1558, con Turgut, arrasó Reggio di Calabria y Massa Lumbrese, Cantone y Sorrento en el golfo de Salerno, las costas de la Toscana, Piombino y Menorca. En 1560 Felipe II reaccionó organizando la Liga Santa que tomó la isla de D'Jerba, sólo para perderla semanas después a manos de Pialí. Ese año se casó con *Gevher Han*, hija del futuro Selim II. En 1563 tomó Nápoles que fue rápidamente recuperada por los españoles. Dos años después intervino en el infructuoso Gran Asedio de Malta. En 1566, saqueó la isla de Quíos y las costas de Apulia. Gran Visir desde 1568, dos años después consumó la conquista de Chipre. Fue el artífice de la reconstrucción de la armada otomana hundida en Lepanto por Juan de Austria. Su última expedición fue contra Apulia en 1573, falleciendo cinco años después.

Torre de Naillac de Rodas (Teresa Andrés, 2014).

Capítulo VII

HISTORIA DE UNA ÉPICA BATALLA

En la primavera de 1565, el Gran Maestre de la Orden Jean Parisot de la Vallette, contaba con 71 años, pero su inteligencia, valor y su brío, como demostró en el transcurso de los combates, continuaban inquebrantables. Los espías cristianos destacados por el Virrey de Sicilia García de Toledo[167] informaron desde Constantinopla de la inminencia de una invasión otomana. Entonces, los Caballeros de Malta comenzaron los preparativos para la defensa[168]. El propio García de Toledo se personó en la isla en busca de información de primera mano.

La organización de la expedición musulmana se efectuó en la misma *'Sublime Puerta'.* Compuesta por 176 naves, que se dividían entre 131 galeras, 7galeotas, 6 galeazas bien artilladas, 18 mahonas de transporte y 14 naves logísticas. El tren de batir era magnífico y agrupaba 64 buenas bocas de fuego[169], todas aptas

---

167 García Álvarez de Toledo (1514-1577): De alto linaje leonés, inició su carrera militar a las órdenes de Andrea Doria en las galeras de Nápoles. En 1535, se distinguió en las Batallas de La Goleta, Argel, Sfax, Calibria y Mebredia. En 1544 fue Capitán General de galeras. Fue Capitán General de la expedición a Grecia y Capitán General del Mar, título que se le dio en 1544 tras derrotar a Barbarroja. Virrey de Cataluña entre 1558 y 1564, fue designado Virrey de Sicilia (1564-1566). Conquistó el Peñón de Vélez en 1564 y, al año siguiente, participó en la defensa de Malta. Por todo ello, Felipe II le otorgó el Ducado de Fernandina y el Principado de Montalbán el 24 de diciembre de 1569.
*CO.DO.IN. Vol. XXIII, pág. 162.

168*Ribas de Pina, M. "El Sitio de Malta de 1565". En *Revista Ejército*, Nº. 18.

169*Bosio, Giacomo. *Histoire des Chevaliers de l'ordre de S. Iean de Hierusalem.* Baudoin. París, 1643.

para montar asedios en toda regla a los fuertes castillos avaluartados insulares. Entre ellas había 4 grandes cañones de asedio de colosal calibre. Las tropas de tierra que transportaba esta flota se aproximaban, entre infantería, Jenízaros, mercenarios y caballería a los 48.000 combatientes.

A ellos se enfrentaban decididas las muy numéricamente inferiores fuerzas Cristianas de 500 Caballeros de Malta, 400 Soldados españoles, 800 italianos, 500 Infantes de Marina, 200 griegos y sicilianos, 200 Soldados habilitados de origen civil, 500 galeotes y 3.000 voluntarios malteses, o sea, unos 6.100 efectivos según las fuentes[170].

La impresionante flota otomana, se presentó en Malta el 18 de mayo de 1565, desembarcando al ejército en la bahía de Marsaxlokk[171], a unos 8 Kmts. al sur del Gran Puerto. De inmediato, surgió el desacuerdo entre el comandante de las fuerzas de tierra, Kizil Ahmedli Mustafá Bajá, y el Almirante Pialí Bajá. Pialí priorizaba la toma del fuerte de San Telmo, para dominar el Gran Puerto y Mustafá pretendía atacar Medina, para luego acometer los fuertes de Santo Ángel y de San Miguel[172]. La idea de Mustafá era ocupar la mayor superficie de terreno de la isla para cobrar todos los abastecimientos posibles dado que las bocas que debía alimentar eran innumerables. Además, con ello aseguraba su retaguardia. Prevaleció el criterio de Pialí y, así, el ejército invasor, marchó hacia el noroeste arrasando las peque-ñas localidades de Zejtun y Zabbar.

170*Balbi di Correggio, Francisco. *The Siege of Malta, 1565* [1568]. Boydell Press. Rochester, N.Y., 2005.

*Cassola, Arnold. *El Gran Sitio de Malta de 1565: Una Aproximación Histórica desde la Maltea de Hipólito Sans*. Tilde. Valencia, 2002.

171 Marsaxlokk: Pueblo de gran tradición pesquera establecido en el sureste de Malta. Su topónimo deriva de las voces *'marsa'*, que significa puerto y *'xlokk'*, que es sureste en la lengua local. Aunque su origen es megalítico, su primer asentamiento histórico es una colonia fenicia que data del siglo IX a.C.

172*Secondo Curione, C. *A New History of the War in Malta*. Tipografía. Leonina. Roma, 1928.

El 24 de mayo de 1565, se plantaron frente a los muros de San Telmo innumerables yuntas de bueyes e hileras de galeotes arrastrando las poderosas piezas de artillería que debían batir el fuerte. San Telmo estaba defendido por 100 Caballeros y 500 Soldados, a los que La Vallette había ordenado luchar hasta la muerte para prolongar la Defensa hasta la llegada de los refuerzos españoles prometidos por el Virrey de Sicilia.

La fortaleza fue sometida a un cañoneo implacable que convirtió la posición cristiana en un infierno que encajaba más de 6.000 proyectiles diarios. El 3 de junio los turcos realizaron un asalto general a San Telmo. Cuando los Jenízaros llegaron hasta la muralla fueron repelidos con una lluvia de fuego griego que los hizo perecer calcinados. Por su parte, La Vallette evacuaba a sus heridos durante la noche y, en la medida de sus posibilidades, reaprovisionaba el fuerte a través del puerto.

El 8 de junio los Caballeros de San Telmo enviaron al Gran Maestre un indignado mensaje solicitando permiso para hacer una salida suicida y morir campo abierto con la espada en la mano. La Vallette les respondió que podría relevarlos por otros Caballeros si tenían miedo de morir del modo que les había ordenado. La guarnición silenció sus protestas y se mantuvo firme en Honor, rechazando los asaltos del enemigo, en especial en el ataque general del día 10, que fue particularmente sangriento. Durante las siguientes semanas, los valerosos Caballeros aragoneses y malteses soportaron firmes los permanentes ataques y bombardeos. En el transcurso de los mismos, el propio Dragut resultó mortalmente herido el 17 de junio por un disparo afortunado ejecutado desde el Santo Ángel. Finalmente, el 23 de junio de 1565, los turcos consiguieron tomar las exiguas ruinas del fuerte de San Telmo, encontrando solamente muertos y heridos. Cien Caballeros y 600 Soldados Cristianos habían resistido hasta las últimas consecuencias cobrándose las vidas de 6.000 infieles; el propio Pialí estaba herido en la cabeza. Los enfurecidos asaltantes crucificaron a todos los heridos supervivientes en tablones y los arrojaron a la bahía.

La idea era que la corriente los arrastrara hasta Birgu (emplazamiento del fuerte del Santo Ángel) y sus Camaradas los pudieran ver. El atroz gesto mezclaba la venganza con un intento de intimidación disuasoria, aunque no tuvo otro efecto entre los resistentes que exacerbar su rabia y el deseo de revancha. Un puñadito de Soldados logró escapar a nado hasta Santo Ángel relatando los últimos acontecimientos acaecidos en San Telmo.

La victoria había resultado carísima tanto a nivel de bajas como tácticamente pues el tiempo perdido (un mes, frente a los cuatro o cinco días que habían calculado al lanzar el ataque) acabarían por resultar fatales para la expedición invasora.

A pesar del bloqueo marítimo turco, valientes mensajeros y esforzados refuerzos continuaron llegando a Malta. Durante esos días llegó al Gran Puerto una falúa con el Comendador de San Juan Sálvago y el Capitán español Miranda que traían valija con instrucciones y promesas. Aunque fue batida y mandada a pique por la artillería turca, sus tripulantes llegaron a nado hasta Senglea. Además, en tres nuevas ocasiones, otras galeras de la Sicilia intentaron infructuosamente introducir tropas en Santo Ángel. Entre ellas destacó la intentona de Enrique de la Vallette, sobrino del Gran Maestre. Pero el 28 de junio de 1565, el capitán español Juan Cardona entró en Birgu con cuatro Galeras y 600 Soldados de los Tercios. Su flotilla había podido burlar el candado otomano gracias a las señales del Soldado destacado Juan Martínez de Olivenza, que desembarcó solo a nado y la guió con las señales de una fogata desde los acantilados.

Dueños de la península de Sciberras, y anclados en el interior del puerto de Marsamxett, los turcos pasaron a atacar las posiciones de Senglea (fuerte de San Miguel) y Birgu (fuerte del Santo Ángel), bombardeándolas tanto desde su flota como desde sus baterías de tierra. La Vallette se empeñó heroicamente en la defensa y ordenó algunas audaces salidas que, combinadas con raids realizados por la caballería maltesa, acuartelada en Medina, causaron fuertes bajas entre los sitiadores.

A este hostigamiento se unieron los inconvenientes naturales: La llegada del verano causó una acuciante falta de agua y los alimentos escaseaban entre las fuerzas invasoras. Efectivamente, el ejército turco era tan grande en número que resultaba muy complicado de abastecer[173].

Mustafá ordenó un ataque general contra la península de Senglea el 15 de julio de 1565. Mientras sus trenes de batir bombardeaban la Ciudad y el Santo Ángel, había logrado trasladar hasta el Gran Puerto 100 galeras llevándolas a cuerda con multitud de esclavos a través de la lengua de tierra menos elevada y más estrecha de la península de Sciberras. El propósito era realizar un ataque combinado contra el fuerte de San Miguel mediante un desembarco y un asalto terrestre desde Senglea[174]. Pero la defensa del sector este de San Miguel fue enconada y, desde la batería baja de Santo Ángel, el Capitán de Guiral tuvo tan gran tino con sus disparos que mandó a pique a la mayoría de las naves otomanas. Además, un decidido grupo de cristianos reforzaron San Miguel cruzando la bahía por un puente de pontones[175]. Este primer gran asalto había terminado con una sangrienta derrota otomana.

El 7 de agosto se verificó un 2º asalto general: Las baterías situadas frente a Birgu habían arruinado uno de sus bastiones abriendo brecha[176]. Aprovechándola, y mientras se verificaba un ataque diversivo contra San Miguel, la infantería otomana cargó sobre la grieta penetrando en la Ciudad. A pesar de que los Caballeros se batieron con fiereza con su Gran Maestre al frente, la posición parecía perdida. En ese comprometido momento llegó desde Medina la Caballería del Capitán Vincente Anastagi, que desordenó la retaguardia otomana. Esta maniobra tuvo tal éxito que el asalto enemigo se repelió y los turcos volvieron a sus posiciones de forma precipitada.

173*Cassola, Arnold. Op. Cit.
174 Referencia nº 8 del plano.
175 Referencia nº 10 del plano.
176*Balbi di Correggio, Francisco. Op. Cit.

El Sitio de Malta [177]

1- La Valletta. **2**- San Telmo. **3**- Santo Ángel.
4.- Birgu. **5.**- San Miguel.

6- Baterías turcas. 7- Armada Otomana. **8**- Flotilla turca hundida.

9- Asentamientos otomanos de sitio.

10- Pontón tendido entre Birgu y San Miguel en Senglea.

177*El Sitio de Malta*, Ignacio Danti, s. XVI, Museo Vaticano. Referenciado por el autor.

Los siguientes días transcurrieron en un constante bombardeo de las posiciones de la Orden. Con esta preparación se realizó un ataque masivo otomano el 19 de agosto. Ese día, el pánico y el desorden provocado por la explosión de una mina de asedio, cundió entre los defensores. Sin embargo, el infatigable La Vallette se presentó en la línea de mayor riesgo y, a pesar de la intensa lluvia, logró reagrupar a sus Soldados y frenó de nuevo el avance enemigo. En esas Jornadas la situación de la ciudad era desesperada. Los Soldados estaban agotados, la munición era cada vez más escasa y el hambre y la desolación se cebaban sobre la población civil. Entonces, el Gran Consejo determinó la retirada total al interior del Santo Ángel. Sin embargo, La Vallette se negó a ello y mantuvo con firmeza las posiciones avanzadas.

El 30 de agosto de 1595, aprovechando las fuertes lluvias que inutilizaron esa Jornada las armas de fuego al estar la pólvora mojada, los otomanos realizaron un fiero asalto al arma blanca contra el fuerte de San Miguel, apoyados por una imponente torre de asedio. Pero los ingenieros militares malteses consiguieron derribarla y los asaltantes fueron repelidos con pedradas y viejas ballestas. Cuenta la leyenda que dos Caballeros prisioneros, engañaron a Mustafá señalando el punto arremetedero más fácil para el ataque. En realidad, se trataba de las posiciones más fuertemente defendidas por sus más valerosos y esforzados Camaradas. La consecuencia de este ardid fue una matanza de Jenízaros.

Desde principios de julio, una flota española, requerida por el Virrey García de Toledo, se estaba agrupando en Barcelona para liberar a Malta de su asedio. La misma se retrasó pues, el 28 de agosto, fue dispersada por una galerna y debió reagruparse en Sicilia. A ella se incorporaron las naves y tropas de Sancho de Londoño llegadas de Lombardía, las de Gonzalo de Bracamonte venidas de Córcega, las napolitanas de Álvaro de Sande, el Tercio de Sicilia y fuerzas de los Duques de Florencia y Génova. Estas noticias llegaron rápidamente a Malta levantando tanto la moral cristiana como incrementando las inquietudes musulmanas.

ÁLVARO DE SANDE (1489-1573)

De noble origen, renunció a la vida religiosa para incorporarse a la expedición de Carlos V a Túnez (1535) bajo órdenes de Ferrante de Gonzaga. En 1537 se distinguió como capitán combatiendo de nuevo en Túnez, tras lo que se le puso al frente del Tercio de Diego de Castilla. Este Tercio, integrado por nueve compañías veteranas, fue rebautizado como el Tercio de Saboya. Al año siguiente participó en la toma de Castelnuovo (Montenegro), que quedó en manos de su Camarada Francisco de Sarmiento[178].

Durante la campaña de Argel de 1540, además del suyo, debió mandar el Tercio de Hicea cuando murió su Maestre, tomando Monestir, Esaque, Susa, Xamilo y Xamel. Después de ello auxilió la ciudad de Perpignan asediada por Francisco I de Francia. Sande permaneció en Milán como Maestre de Campo General de los Ejércitos Españoles en Italia hasta 1559. Ese año, estuvo al mando de 3.000 Soldados defendiendo la isla de D'Jerba cuando fue atacado por 40.000 turcos[179].

A pesar de su fiera defensa, fue cautivo en Constantinopla 5 años hasta ser rescatado por la exorbitante cifra de 60.000 escudos. Recién liberado de su cautiverio, participó de forma distinguida en el rescate de la isla de Malta en 1565. Formó parte del Consejo de Guerra de la Liga Santa antes de la Batalla de Lepanto. Murió en 1573 siendo Gobernador de Milán, tras tan brillante carrera militar.

Registran algunos autores que el cirujano Rodrigo de Cervantes, padre de Miguel de Cervantes, tenía amistad con Sande. Puede ser que éste influyese, amén del Cardenal Giulio Aquaviva, en la incorporación de Miguel a la Compañía del Capitán Diego de Urbina en el Tercio de Miguel de Moncada[180].

178*Lorente, Jesús. *Los Tercios en el Mediterráneo. Sangre Española en Defensa de Occidente.* Editorial EAS, Biblioteca Hoplon. Alicante 2019.
179*Muñoz de San Pedro, Miguel. *Don Álvaro de Sande, cronista del desastre de los Gelves*. Diputación Provincial. Badajoz, 1955.
180*Foglietta, Huberto. *Vida de don Álvaro de Sande, comentada por Miguel Ángel Ortí Belmonte*. Caja de Ahorros y Monte de Piedad. Madrid, 1962.

El 7 de septiembre de 1565, se produjo el milagro: 9.000 españoles desembarcaron en la bahía de San Pablo en el extremo septentrional de la isla. Los Tercios emprendieron una marcha de 3 jornadas[181]. Para el día siguiente, los otomanos conscientes de su derrota, ya habían embarcado su artillería y se apresuraban en sus preparativos de retirada. El 11 de septiembre, un morisco desertor informó a Mustafá de la entidad de los refuerzos españoles. Confiando todavía en su superioridad, el comandante otomano suspendió el embarque y se dispuso al combate. Por desgracia para él, se topó con las tropas de vanguardia de Álvaro de Sande. Éste, cargó al frente de una sola Compañía de arcabuceros, por propia iniciativa y tan apresuradamente que no llegó a ponerse su armadura. La *'Furia Española'* fue tal que dispersó a los aterrorizados musulmanes. Tras esta derrota, los supervivientes embarcaron en Mellieha (norte de la isla) y, para el 12 de septiembre de 1565, la amenaza musulmana había desaparecido de las costas maltesas[182].

En su retirada, los sarracenos dejaban 30.000 hombres que abonaban el campo de batalla. Por su parte, 700 Soldados malteses y españoles y más de 250 Caballeros dieron su vida para guardar a la isla para la Cristiandad[183].

En toda Europa las campanas repicaron a victoria y las donaciones de los Monarcas Europeos para reconstruir las defensas de la isla fueron extremadamente generosas.

En 1566, Felipe II de España envió como presente a la Vallette unas magníficas espada y daga de acero toledano con fornituras de oro y pedrería grabadas con la siguiente leyenda:

"Plvs Qvam Valor Valletta Valet"
[*"Más que el mismo valor vale Valletta"*]

181*Crowley, Roger. *Empires of the Sea: The Siege of Malta, the Battle of Lepanto, and the Contest for the Center of the World*. Random House, 2009.
182*Bradford, Ernle. *The Great Siege: Malta 1565*. Wordsworth. London, 1999.
183*Bosio, Giacomo, Op. Cit.

Esta Real ofrenda de gratitud fue entregada por Fray Rodrigo Maldonado. Desde entonces, cada 8 de septiembre, día de la natividad de Nuestra Señora y de la Victoria Cristiana la *'Espada y Daga del Valor'*, desfilan por las calles de La Valletta siguiendo al portaestandarte de la Orden de Malta[184].

Sellos oficiales conmemorativos del V centenario del nacimiento de Jean Parisot de la Vallette (emitidos el 18-4-1994)

---

184 La espada del valor fue saqueada por Napoleón en 1798 y hoy se encuentra en el museo del Louvre de París. El 8 de septiembre de 2006, fiesta nacional de Malta, fue restituida de forma simbólica al Heritage Malta (Patrimonio Nacional de la República) una réplica en oro y cristal por la Asociación Valenciana de Doctores (AVADOLCI), la Asociación Española de Amigos de Malta y la Fundación valenciana Jaume II *'el Justo'* reclamándose a Francia la restitución al pueblo de Malta de la original. Ref. José Manuel Gironés.

La victoria cristiana se debió a las siguientes causas:

— Error táctico otomano de atacar primero fuerte San Telmo descuidando la ocupación del resto de la isla. Ello propició los *'raids'* de la caballería maltesa y la crisis de desabastecimiento del invasor.

— La determinada resistencia de San Telmo, la cual, al prolongarse un mes, desbarató toda la cronología de invasión prevista por Pialí.

— El extraordinario caudillaje militar de Jean de La Vallette que amalgamó el incontestable valor de sus Caballeros y Soldados.

— La oportunísima llegada de los magníficos Tercios Españoles que pusieron en fuga al ejército turco.

Finalizado el asedio, era urgente reforzar las fortificaciones de Malta. Por ello La Vallette decidió construir una nueva capital, con ciudadelas y murallas abastionadas que protegían su perímetro, en la estratégica península de Sciberras, dominando tanto el Gran Puerto como la rada de Marsamxett. Nacía así La Valletta, la Ciudad de los Caballeros, donde se instalaron oficialmente en 1571[185]. Además, todo el archipiélago fue brillante y sólidamente fortificado en previsión de futuros ataques del islam. De cualquier forma, a pesar del gran triunfo para España y para la Cristiandad logrado en Malta, a mediados del siglo XVI, el Mediterráneo continuó severamente amenazado por los corsarios berberiscos.

---

185 La Valletta: Capital de la República de Malta, el primer nombre que se le otorgó fue *Humilissima Civitas Valletta* (humildísima), sin embargo, pronto fue conocida como *Superbissima* (muy orgullosa). Su primera piedra fue colocada por el Gran Maestre Jean Perisot el 28 de marzo de 1566. Su planeamiento urbanístico, su estructura fortificada y la red de comunicaciones fue diseñada por el arquitecto italiano e ingeniero militar Francesco Laparelli y su discípulo Gerolamo Cassar. El asentamiento de la orden se realizó en una solemne ceremonia el 18 de marzo de 1571.

Este peligro exterior hizo que se desarrollase en los Reinos peninsulares una gran desconfianza y odio hacia los moriscos, como peligro interior, sobre los que se cebó la Inquisición. Tal presión represiva acabó por hacer estallar la violenta rebelión de las Alpujarras en la víspera de la Navidad de 1568. La subsiguiente sangría de cristianos a manos de los sublevados fue muy grave y, los mismos, no fueron reprimidos hasta en febrero de 1570.

En esa fecha, Don Juan de Austria, acabó con *'la Galera'*, el último reducto de resistencia morisca[186]. Todo ello forzó al Rey Felipe II a retomar la *'Cuestión Africana'*, cuando, Selim II, en la *'Sublime Puerta'* incrementó su apoyo a los Berberiscos en proporción geométrica. Para colmo de males, en 1571, Chipre cayó en manos turcas. Sin embargo, ese mismo año se cobraría la espectacular victoria cristiana de Lepanto el 7 de octubre[187].

LA PÉRDIDA DE CHIPRE

En la primavera del año 1570, 150 galeras turcas, 12 fustas, 8 mahonas y 40 naves de carga partieron desde Constantinopla para atacar la veneciana isla de Chipre bajo el mando del Almirante Pialí Bajá y del General Mustafá. Por parte cristiana, una flota comandada por el Almirante Doria, zarpó para apoyar la defensa de la isla que estaba encomendada al gobierno de Astor Baglioni. La misma se integraba por 60 galeras españolas, 5 maltesas y 12 pontificias, agrupándose en Corfú con la armada veneciana de Marco Quirini y Girolamo Zane que agrupaba 105 naves.

Tras ser rechazado en Pafos, el ejército osmanlí logró desembarcar en Lárnaca. De tal forma, a finales de julio de 1570, cerca de 100.000 efectivos turcos asediaban Nicosia. La ciudad resistió valerosa hasta el 9 de septiembre, día en que la plaza capituló víctima de una felona traición de Mustafá que masacró a 20.000 defensores e

186*Mármol Carvajal. *Historia de la Rebelión y Castigo de los Moriscos del Reino de Granada.* Arguval. Madrid, 2004.

187*Crowley, Roger. *Empires of the Sea: The Siege of Malta, the Battle of Lepanto, and the Contest for the Center of the World.* Random House, 2009.

hizo 2.000 cautivos. La heroica desesperación de los vencidos alcanzó su punto cenital cuando la prisionera María Sinclitikí hizo estallar la santabárbara de la capitana otomana que arrastró al fondo a otras dos galeras.

Tras ello, Famagusta fue asediada al estilo del épico sitio de Constantinopla. Se elevó frente a ella un fuerte de asedio artillado con 78 bocas de fuego que la batieron de forma incesante. Como mal añadido, la flota de auxilio de la cristiandad, inexplicablemente, se batió en retirada en un frustrado intento de refuerzo a los Defensores. Entonces, Marco Antonio Bragadino, preparó la plaza para una defensa a ultranza. En enero de 1571, 12 galeras de Quirini aportaron a la Ciudad pertrechos y a 1700 hombres de refuerzo[188]. La misma flotilla evacuó hasta Creta a parte de las mujeres, niños y ancianos de la ciudad. Por su parte, los turcos recibieron 8.000 Soldados y 15 cañones bajo el mando de Uluch Alí.

En junio, tras un sistemático bombardeo, comenzaron los asaltos al recinto forzando a sus defensores a refugiarse en la ciudadela. En esos momentos, la población estaba hambrienta y desesperada. Con la falsa esperanza de salvar vidas, Marco Antonio Bragadino pactó la capitulación de la plaza el 5 de agosto del 1571. Mustafá había prometido en un documento firmado que permitiría que los supervivientes abandonaran la isla embarcados en sus naves "con redoble de tambor, las enseñas desplegadas, artillería, armas y bagajes, y sus mujeres y sus hijos", a pesar de lo cual se deshonró con una infame traición. El 2 de agosto, Astorre Baglioni y los otros representantes de la delegación veneciana fueron inmediatamente decapitados. A Bragadino le esperaba una suerte peor: le cortaron las orejas y la nariz y pasó doce días recluido en una jaula bajo un sol ardiente con poquísima agua y comida. Al cuarto día, los turcos le propusieron la libertad a cambio de convertirse al islam, pero Bragadino rechazó con indignación la propuesta[189].

El 17 de agosto, el comandante veneciano fue suspendido del mástil de su nave y fustigado con más de 100 latigazos, crónicas ve-

188*Foglietta, U. *Los Asedios de Nicosia y Famagusta.* Waterlow. Londres, 1903.
189*https://www.robertodemattei.it/es/un-aniversario-que-no-debemos-olvidar-el-martirio-de-marcantonio-bragadin-1571-2021/

necianas afirmán que Bragadino dijo: *"¡Deseo que resuene en los dos polos la traición del mezquino Mustafá! ¡Deseo que mi muerte y la de tantos inocentes sean utilizadas como ejemplo para que las gentes venideras no den crédito a una raza bárbara e infiel!"*.

Acontinuación obligaron a Bragadino a portar sobre los hombros por las calles de Famagusta una enorme cesta llena de piedras y arena hasta que se desplomó. Entonces lo llevaron a la plaza principal, donde lo encadenaron a una columna y un renegado le puso un cuchillo en el hombro izquierdo y empezó a desollarlo vivo. El comandante veneciano soportó el martirio con gran heroísmo mientras invocaba el Miserere e invocaba el nombre de Cristo hasta que, con el busto y los brazos ya despellejados exclamó "In manus tuas, Domine, commendo spitum meum — En tus manos, Señor, encomiendo mi espíritu" y expiró. Eran las 15 h. del 17 de agosto de 1571[190].

Suplicio de Bragadino en la plaza principal.

La piel del comandante veneciano fue disecada, rellenada de paja y expuesta en los arsenales de Constantinopla. En 1580 el joven marino veneciano Girolamo Polidori logró sustraer la reliquia y la llevó a Venecia donde fue sepultada con honores de mártir en la Basílica di San Giovanni e Paolo.

190*https://www.robertodemattei.it/es/un-aniversario-que-no-debemos-olvidar-el-martirio-de-marcantonio-bragadin-1571-2021/

APÉNDICES

Apéndice I

LA ORDEN DE LOS CABALLEROS HOSPITALARIOS DE SAN JUAN DE JERUSALÉN

"Es un noble héroe el que lucha por la patria;
más noble, quien lucha por el bienestar de su país natal,
pero el más noble es el que lucha por la humanidad".

Johann G. Von Herder.

La Soberana Orden Militar del Hospital de San Juan de Jerusalén, de Rodas y de Malta, nació el año 1048 con la misión de proteger un hospital benedictino de peregrinos construido por mercaderes de la ciudad italiana de Amalfi dedicado a San Juan Bautista.

En el 1099, durante la Primera Cruzada, el centro era dirigido por Gerardo de Tunc. Financiado por el Caudillo Cruzado Godofredo de Bouillon, reemplazó a los benedictinos por una nueva Orden Militar y Religiosa denominada de los Hospitalarios de San Juan (o Hermanos del Hospital de San Juan de Jerusalén). Vestían un hábito negro con la cruz blanca de Amalfi. Las ocho puntas de este emblema estaban vinculadas a las ocho bienaventuranzas del Sermón de la Montaña de Jesucristo (en el futuro será conocida como *'Cruz de Malta'*). En combate portaban la armadura común en un Caballero cubierta con su sobreveste y capa negra con la Cruz de Malta blanca cosida en el lado izquierdo del pecho. Tras la fundación del Reino Latino de Jerusalén en el 1113, el Papa Pascual II sancionará la Regla de la Orden con la Regla de San Agustín.

Ese mismo año se estableció servicio de armas para proteger, en Tierra Santa, a los peregrinos de los ataques musulmanes. Sus componentes prestaban juramento de pobreza, obediencia y castidad y se comprometían a la defensa de Jerusalén. Se dividían en tres categorías: los Caballeros (hombres de armas), los Capellanes (encargados de los servicios religiosos) y los Hermanos Sirvientes (dedicados al servicio en las necesidades cotidianas de los anteriores). Su primer comandante fue designado Rector, los sucesivos recibieron el nombre de Gran Maestre, el mismo era, elegido libremente por los Caballeros y con carácter vitalicio, desempeñaba el poder ejecutivo y el mando militar. Todos sus miembros pertenecían a la nobleza si bien no eran herederos de los fundos ancestrales por no ser primogénitos.

Las circunstancias de la época impusieron en la Orden la primacía de la actividad militar[191]: El Sultán Saladino tomó Jerusalén en el 1187 con lo que la Orden debió retirarse a San Juan de Acre en 1191. Esta plaza también hubo de ser abandonada, cien años después ante el avance Mameluco, trasladándose toda la Orden a Limasol en la isla mediterránea de Chipre. En mayo de 1306 se firmó un acuerdo con Vignoli quien les cedió todas sus propiedades en Rodas y Leros (Salamina) y dos terceras partes de la Isla de Kíos. Desde el 1306 hasta el 1309 se completó la ocupación de Rodas por los Caballeros y su Instalación definitiva en la isla. Desde esta base, su Armada tuvo como misión combatir las fuerzas navales musulmanas y corsarias en el Mediterráneo Oriental.

Los Hospitalarios recibieron las propiedades de los dramáticamente disueltos tras un oscuro procedimiento los Caballeros Templarios en el año 1312[192]. Asimismo, en 1489, se vieron acre-cidos por bienes y efectivos de las Órdenes de los Lazaristas y de los Sepulcristas.

191*Nicolle, David. *Los Guerreros de la Cruz de Malta*. Osprey. Madrid, 2010.
192*Barber, Malcolm. El Juicio de los Templarios. Editorial Complutense. Madrid, 1997.

En Rodas se creó una estructura basada en agrupaciones nacionales. De acuerdo con este principio organizativo, la Orden se dividió en ocho Lenguas o Naciones: Provenza, Auvernia, Italia, Francia, Aragón, Alemania, Castilla —que incluía a los Caballeros portugueses— e Inglaterra. Esta última será excluida de la Orden tras la Reforma Anglicana de Enrique VIII de Inglaterra en 1534. Cada una de ellas se asentaba su propio cuartel independiente, llamado *'Albergue'*, bajo el mando de un jefe (*Pilier*). Cada Nación se subdividía varias Comendadurías, Prioratos y Bailías. Reunidos los Piliers, formaban el Consejo de la Orden, órgano deliberativo y disciplinario, presidido por el Gran Maestre.

Tras 200 años de presencia en Rodas, en 1522, después de seis meses de asedio, el Sultán Solimán *'el Magnífico'* les obligó a capitular y a abandonar la plaza. Su Gran Maestre, el francés Philippe Villiers, negoció con las potencias cristianas europeas la cesión de una ubicación para su nueva sede. Siracusa (Sicilia) fue descartada. Entonces, el 24 de marzo de 1530, el Emperador Carlos V les hizo entrega de Malta (isla bajo la soberanía del Reino de Sicilia) y del enclave norteafricano de Trípoli (conquistada por Fernando de Aragón *'el Católico'* en 1510, junto a Bujía y Argel). Desde entonces, la Orden empezó a ser conocida como Orden de Malta, conservando su estructura militar y su propia flota mandada siempre, según el caudillaje de Carlos V, por un Caballero italiano.

En un principio, los Caballeros Hospitalarios no fueron bien acogidos por los malteses a pesar de que su Gran Maestre juró sus Fueros. De cualquier forma, los Caballeros respetaron tanto las instituciones locales como la observancia de su Regla buscando armonizarse con las fuerzas vivas locales. Así, los Caballeros se establecieron en la ciudad costera de Birgu (actual Vittoriosa), que controlaba el Gran Puerto con su castillo medieval llamado *Castello a Mare* que fue abaluartado a la moderna y rebautizado como fuerte *Sant'Angelo.* Además, como ya hemos visto, tras el ataque corsario de 1551, el Gran Maestre Juan de Omedes fortificó el acceso a Punta Isola (actual Senglea), otra de las penínsulalas perpendiculares al Gran Puerto con el fuerte de *San Miguel* y con el de *San Telmo* en la península de Sciberras que, diseñados por el ingeniero español Pedro Pardo, seguían el modelo abaluartado italiano[193]. La dársena del Gran Puerto quedaba así completamente fortificada[194].

En 1557 Jean Parisot de la Vallette fue elegido Gran Maestre de la Orden y, siguiendo los postulados de la Contrarreforma del Concilio de Trento, la inquisición se estableció en Malta en 1561. En 1565, Solimán *'el Magnífico'* dirigió el infructuoso *'Gran Asedio'*, que ya hemos estudiado, en el marco de la lucha entre Occidente y Oriente por la hegemonía mediterránea. Al finalizar el sitio, La Vallette, mandó construir una nueva capital en la península de Sciberras, dominando el Gran Puerto y el puerto de Marsamxett. Nacía así La Valletta, la Ciudad de los Caballeros, donde se instalaron oficialmente en 1571, año en el que tres de sus galeras participaron en la gloriosa Batalla de Lepanto del 7 de octubre de 1571.

Aunque la Orden aportó a la isla periodos de prosperidad, también hubo épocas de hambre y epidemias, como las de 1592 y 1680. En 1610 se construyó el acueducto de Wignacourt que abastecía La Valletta y los jesuitas fundaron su Universidad. En 1653 se compraron algunas islas caribeñas, pero la imposibilidad de su control determinó su devolución en 1665.

Las fortalezas levantadas durante el siglo XVII permitieron la defensa frente a los otomanos. Los principales constructores de las nuevas unidades fortificadas fueron los Grandes Maestres *Martín Garcés, Alof de Wignacourt* y *Martín de Redín.*

Durante el siglo XVIII la influencia francesa se impuso y la Orden vivió un periodo oscuro. Por esta causa, el 8 de septiembre de 1775, estalló el llamado *'Motín de los Curas'* contra el Maestre

---

193*Lorente Jesús, Op. Cit Tesis. pp. 89-96.
194*Stephenson, Charles. Op. Cit.

Pinto de Fonseca. Los rebeldes, acaudillados por Dun Gejt Mannarino, se apoderaron de *Sant'Elmo* y del bastión de Santiago pero fueron reprimidos ferozmente. Además, el Maestre Emmanuel de Rohán, a fines de siglo, fracasó en su intento revisionista de regenerar la Orden. En 1782 se formó lengua común entre Inglaterra (readmitida) y Baviera. Napoleón I ocupó la isla en su expedición a Egipto (1798): El 9 de junio, la flota francesa desembarcó en Saint George's Bay sometiendo al último Gran Maestre de Malta, Ferdinand von Hompesch. Así, los Caballeros se vieron obligados a trasladar su sede a Trieste. Aunque el Almirante británico Horacio Nelson expulsó a los franceses, la Orden acabó por asentarse en Roma en 1834.

Por Decreto Papal de Juan XXIII de 1961, los Caballeros de Malta forman una comunidad religiosa y una Orden de Caballería. Mantienen relaciones diplomáticas internacionales y subvencionan hospitales donde atienden a víctimas y refugiados de guerra. Continúan vistiendo su capa negra en la que llevan bordada su cruz blanca de ocho puntas. El Gran Maestre tiene título de Príncipe, y su rango eclesiástico es equivalente al de Cardenal.

Los Caballeros de Malta con el Maestre Vallette.

La Cruz de Amalfi, Escudo de la Orden de Malta.

Alemania.

Aragón-Castilla.

Francia-Auvernia.

Inglaterra.

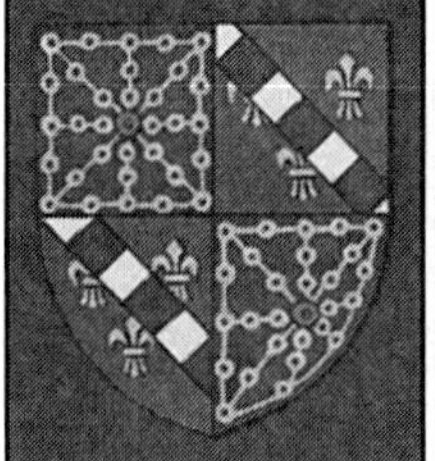

Navarra

Portugal.

Provenza.

Apéndice II

ESTRUCTURAS MILITARES DE LOS CONTENDIENTES

A finales del s. III la crisis del ejército romano clásico era evidente[195]. Y se comenzó a contratar mercenarios extranjeros sin ciudadanía romana entre los pueblos bárbaros germanos ofreciéndoles como paga tierras de labor.

Así, el ejército se dividió entre *comitatenses* operativos que marchaban donde eran requeridos, unidades de campo y *limitanei,* fuerzas fronterizas[196]. El objetivo de la reforma era adaptar la Legión a las nuevas necesidades militares. El incremento de la movilidad de las tropas fue esencial en las nuevas concepciones tácticas en la que la caballería multiplicó exponencialmente su importancia funcional. Los *catafractos* (caballería pesada), fue el resultado de una simbiosis con los ejércitos bárbaros, en especial los alanos y los sármatas. En un principio llamados *clibararii,* posteriormente se les cita como *Catphractii,* derivado de la voz griega *'cubierto'.* También es cierto que algunos autores los diferencian entre los jinetes autóctonos sármatas como *catafractos* y otros jinetes orientales de otros pueblos que se llamaban *clibanarios*[197].

El Emperador Justiniano I fue protagonista del primer gran esplendor bizantino y de una gran expansión territorial[198].

195*AA.VV. "El Ejército Romano en la Antigüedad Tardía". En *Guerreros de la Antigüedad.* Altaya. Barcelona, 2005. Vol. I. pp.149-153.
196*AA.VV. "El Ejército de Constantino". *En Guerreros de la Antigüedad.* Altaya. Barcelona, 2005. Vol. II. pp.625-153.
197*AA.VV. "De Roma a Bizancio". En *Guerreros Medievales*. Del prado. Madrid.
198*Lee, A.L. "The Empire at War". En *The Cambridge Companion to the Age of Justinian*. pp. 113-133. 2005.

Justiniano heredó las estructuras militares creadas por sus antecesores Constantino y Teodosio. Su nueva reforma militar incorporó las grandes novedades de la inclusión de *Foederati* y *Bucellarii*, con armamento autóctono, llegando a formar un ejército de medio millón de combatientes. Éstas nuevas fuerzas armadas representaban la transición entre las clásicas legiones romanas y lo que habían de ser los ejércitos medievales especialmente apoyados en la caballería pesada[199].

La organización del ejército bizantino en *Themata* (*'Emplazamientos'*) se remonta al siglo VII d.C. en el Reinado de Constante II (641-668). Las mismas se configuraban como distritos militares a la vez que circunscripciones administrativas, mandadas por un *Strategos*. Sus contingentes estaban integrados por *Stratiotas*, que servían al Imperio bizantino en régimen de *pronóia*. Por el mismo sistema, se les concedía parcelas de cultivo (*Stratiotika ktemata*) que debían trabajar a cambio de vincularse al ejército de por vida. Este sistema permitía al Imperio formar un ejército fuerte basado en la población autóctona, evitando, en lo posible el mercenariado[200].

Por esos años, la espina dorsal del ejército bizantino eran los Catafractos. Caballería pesada blindada. Su capacidad de choque y su invulnerabilidad eran de gran consideración. La evolución de esta caballería, precursora del modelo del Caballero Occidental fue decisiva[201].

199*Syvänne, Ilkka. "El Ejército de Justiniano". En *Desperta Ferro*. pp. 11-17. Nº 18, 2014. Y Ravegnani, Giorgio. *Soldados de Bizancio en los tiempos de Justiniano*. Signifier. Madrid, 2006.

200 Los Stratiotas estaban reforzados por los *Tagmata* (*'Batallones'*). Fuerzas de élite del Imperio, estaban acantonadas en Constantinopla, si bien en los últimos tiempos fueron enviados algunos destacamentos a las provincias. En el siglo X existían cinco Tagmata: *Scholae*, *Excubitores*, *Hetairia*, *Vigla* y *Numeri*. Scholas, Excubitores y Numeri comandados por Domésticos; los Oficiales de los regimientos Vigla y Hetairia eran dirigidos, respectivamente, por un Drongario y por un Gran Heteriarca. Los destacamentos provinciales de los Tagmata estaban al mando de los Turmarcas, lugartenientes de los Domésticos y Drongarios.

201*Heath, Ian. *Byzantine Armies (886-118)*. Osprey. Oxford, U.K., 2010.

El año de la debacle de 1453 el ejército Defensor de Constantinopla[202] estaba integrado por los *Tagmata*, la Guardia Varega, los voluntarios aragoneses y castellanos (de extraordinario valor personal), los venecianos y los magníficos mercenarios genoveses de Giovanni Giustiniani. Era un ejército heterogéneo a caballo entre la Edad Media y la Moderna armado con primitivas armas de fuego, ballestas, armas blancas de todo tipo y escasa artillería apoyada por el legendario *'Fuego Griego'*. Es de destacar la heroica participación del pueblo que luchó en la defensa de sus casas hasta el límite del exterminio.

*La Guardia Varega fue una unidad de élite bizantina cuya actividad militar se desarrolló entre los siglos X y XIV como Guardia de Corps imperial. Fue fundada en el reinado de Basilio II, el año 988, por los acuerdos entre el Príncipe Vladímir I de Kiev y el Basileus en los que se acordó el envío a Constantinopla de 6.000 guerreros Varegos como asistencia militar, acabando por convertirse en su guardia personal. Hasta los albores del s. XII, llegaron voluntarios de Suecia, Dinamarca, Noruega e Islandia, dando carácter permanente a esta fuerza[203]. En el reinado de Alejo I Comneno, la Guardia Varega empezó a contar también con mercenarios anglosajones de clientelismo militar de tradición vikinga, leales hasta la misma muerte. A finales del siglo XIII, la Guardia Varega había sido étnicamente asimilada por Bizancio. Con un hacha de doble filo como arma principal, su primer Caudillo legendario fue Haroldo III, quien conquistó para los bizantinos el norte de África, Oriente Medio, Bulgaria, Lombardía y Sicilia. Los mercenarios varegos, fueron acreedores de una fama de gran habilidad militar y proverbial lealtad[204].

Los Jenízaros ('Soldados Nuevos'*) fueron una Unidad de Élite de la infantería otomana. La misma estaba caracterizada por su

---

202*Nycolle, D. *Constantinople 1453. The end of Byzantium*. Oxford U.K., 2008.
203 En el siglo XI otras dos cortes europeas reclutaron fuerzas escandinavas: Kiev (980–1060) y Londres (1018–1066).
204*D'Amato, Rafaele. *The Vagarian Guard.* Osprey. Oxford, U.K, 2008.

fanatismo religioso y su extrema capacidad combativa. Destinados a los servicios militares de máximo riesgo, su sanguinaria fama causaba grandes estragos morales entre sus enemigos.

La prestigiosa unidad fue fundada por el Sultán Orhan I en el año 1330[205]. Las primeras Unidades se reclutaron entre renegados[206] cautivos adultos. En 1380, el Sultán Murad I incrementó sus filas con la tasa humana llamada *devshirmeh*. La misma estaba compuesta por niños cristianos de las sometidas regiones rurales de los Balcanes, del Peloponeso y Albania. La recluta forzosa se realizaba al principio con planes quinquenales hasta convertirse en un rapto anual. También eran obligados a convertirse al islam.

Rapto de niños en la devshirmeh.

205 El hermano de Orján, el visir Alí Eddin Pashá aconsejó la implantación de una infantería permanente estructurada en yayás y peyades con sus Cabos (Bachí), Capitanes (yuz bachí) y Comandantes (Bin Bachí). Por su parte, Kara Kalil Chendeteri propuso a los Jenízaros.
206*Nicolle, David (1995). *The Janissaries*. London. Osprey Publishing. 2008.

Tras un noviciado iniciado sobre los 7 años de edad, se convertían, a los 12, en Cadetes (*adjemi oglans*) siendo distribuidos en campos de instrucción en las cercanías de Estambul. Adiestrados por un maestro de ejercicios (*Meydán Kehaya*) en la plaza de la flecha (*Ok Meidán*) como Yoldach (Camaradas). Eran formados en rigurosa disciplina militar y en la Fe de Mahoma en las escuelas llamadas *Acemi Oğlanı*. Tenían prohibido llevar barba, permitiéndoseles sólo lucir bigote. Dirigidos por las enseñanzas del morabito sufita derviche *Bektaşı Hacı Bektaş-ı Veli*, su Fe religiosa era acrisolada, al estilo de las Órdenes de Caballería Europeas.

En un principio el cuerpo estaba configurado por cerca de un millar de hombres pero, en las guerras contra el Basileus Andrónico III (reg. 1321-1348) por el control de Nicea se duplicarán sus efectivos que serán aumentados de nuevo en la segunda mitad del siglo XIV, alcanzando posteriormente un número muy superior. Organizados en Regimientos (*Ortas*), su comandante era el Ağa, aunque nominalmente su jefe supremo era el mismísimo Sultán.

La Guardia Jenízara (*Odjak*) se dividía en tres categorías: Los *Cemaat* (tropas fronterizas, integradas por 101 ortas), los *Beyliks* (que configuraba la guardia personal del Sultán con 61 Ortas) y los *Sekban* (34 Ortas). Además, existían 34 Ortas integradas por los *Acemi* (aprendices o cadetes).

El Sultán Murad I los reglamentó, acuartelándolos en *Odas* e impulsando su espíritu de Cuerpo[207]. Su Bandera era blanca con una leyenda coránica en oro que rezaba: *"Nosotros te damos la victoria, y es una victoria deslumbrante. Es Dios quien te ayuda y su ayuda es eficaz. ¡oh Mahoma! Tú puedes anunciarlo gozosamente a los verdaderos creyentes"*[208].

207*Weismann, N. *Les Janissaires; Étude de l'Oganisation Militaire des Ottomans.* París, 1938.

208*Conrad, Philippe. "Los Jenízaros". En *Grandes Cuerpos Militares del Pasado.* ATE. Barcelona, 1979. pp. 85-164.

Las victorias otomanas[209] aumentaron el prestigio de los Jenízaros aun a pesar de emblemáticos ejemplos como el de Jorge Castriotas: albanés secuestrado, hizo carrera en el Odjak (Cuerpo Jenízaro) siendo nombrado General con su nombre turco Skander Berg. Venció en Siria, Egipto y Serbia pero, tras el asesinato de su padre, volvió al Cristianismo defendiendo la libertad de Albania hasta su muerte en 1468.

Para el Odjak era tan legítimo impedir el acceso a la Corona de un aspirante incapaz como destituir a un Sultán desautorizado por los Ulemas. Por ello, dada la importancia sociopolítica de los Jenízaros, su gran esfera de poder fue utilizada, a partir de fines del siglo XVI, para exigir concesiones y privilegios al Sultán bajo amenaza. Ello propició sobornos e intrigas, lo cual afectó la disciplina y eficiencia de todo el Cuerpo, más aún cuando su soldada era entre 1 y 7 aspros diarios pagados trimestralmente. Así se produjeron las rebeliones contra el adolescente Mehmed II en 1451, cuando reclamaron además de su soldada la Bakchich (prima de sucesión) o contra Solimán *'el Magnífico'*. Sin embargo, estimulados, los Jenízaros lograron, en el año 1648, que el *devshirmeh* fuese abolido, para que sólo los Jenízaros viejos pudieran transmitir sus privilegios a sus hijos, lo cual dañó aún más la disciplina del cuerpo.

Tras décadas de decadencia, los Jenízaros se convirtieron en un problema interno para el Imperio. En definitiva, en 1826, fueron disueltos y desbandados violentamente por el Sultán Mahmud II en el llamado *'Incidente Afortunado'.*

*Los Spahís o Cipayos fueron una Unidad de Caballería de Élite del Imperio Otomano, fundada durante el Reinado del Sultán Murad I (Siglo XIV).

---

209 Entre estos triunfos destacaron los del 19 de junio del 1389 en el Campo de los Mirlos (Kosovo), el del 25 de septiembre de 1396 en Nicópolis, la segunda Batalla de Kosovo del 19 de octubre de 1445, el sitio de Belgrado, la victoria sobre los persas en Tabriz de 1514, la de Mohács de 29 de agosto de 1526 o el total sacrificio en su derrota frente a Eugenio de Saboya en Senta el 11 de septiembre de 1697.

La voz deriva del persa Sepahi (*'Soldado que Cobra por Combatir'*). El Spahí era titular de un feudo (*Timar*), dotado de siervos y concedido directamente por el Sultán. A cambio de sus tierras, debía prestar servicio armado al Imperio. En 1828 el Cuerpo fue disuelto por el Sultán Mahmud II. Desde 1831, Francia reclutó caballería colonial magrebí con esta misma denominación, con destacados resultados en el norte de África, Crimea (1854), en la Guerra Franco-Prusiana (1870-1871) y en las Guerras Mundiales del siglo XX. En 1855 se creó una Unidad Spahí francesa en Senegal y otra en Sudán. Por su parte, la administración colonial italiana creó en Libia una Unidad de caballería Spahí que sirvió entre 1912 y 1942, destacándose especialmente bajo el gobierno de Benito Mussolini.

BIBLIOGRAFÍA

*Allmand, Christofer. *La Guerra de los Cien Años.* Crítica. Barcelona, 1990.

*AA.VV. "Desperta Ferro, la Corona de Aragón en el Mediterráneo". En *Desperta Ferro* Nº 22, pp. 44 y ss. Madrid, 2012.

*AA.VV. "El Ejército en la Antigüedad Tardía". En *Guerreros de la Antigüedad.* Altaya. Barcelona, 2005. Vol. I. pp.149-153.

*AA.VV. "El Ejército de Constantino". *En Guerreros de la Antigüedad.* Altaya. Barcelona, 2005. Vol. II. pp.625-153.

*AA.VV. "De Roma a Bizancio". En *Guerreros Medievales.* Del Parado. Madrid, 2007.

*Ayala Martínez de, Carlos. "Nacimiento del Islam". En *Historia Universal de la Edad Media.* Cap. VI. pp. 133-137.

*Bacon, Roger, *The Experimental Science.* Kessinger Publishing, London. 1990.

*Balbi di Correggio, Francisco. *The Siege of Malta, 1565* [1568]. Boydell Press. Rochester, N.Y., 2005.

*Baquero, A. "¿Conflicto sin Fin?". En *Historia y Vida* Nº 557, pág. 66.

*Barber, Malcolm. El Juicio de los Templarios. Editorial Complutense. Madrid, 1997.

*Barreras, D. y Durán, C. *Breve Historia del Imperio Bizantino.* Nowtilus, Madrid, 2010.

*Benedictow, O. J. *La Peste Negra (1346-1353). La Historia Completa.* Madrid. Akal, 2011.

*Birge, John K. *The Bektashi Order of Dervishes.* Londres, 1937.

*Bosio, Giacomo. Histoire des Chevaliers de l'Ordre de S. Iean de Hierusalem. Baudoin. París, 1643.

*Bunes Ibarra, Miguel Ángel. *Los Barbarroja, Corsarios del Mediterráneo.* Alderaban. Madrid, 2004.

*Bradford, Ernle. *The Great Siege: Malta 1565*. Wordsworth. London, 1999.

*Cabrera, Emilio. *Historia de Bizancio*. Ariel. Barcelona, 1998.

*Cahen, C. *La Turquie Pré-Otomanne.* París, 1988.

*Cassola, A. *El gran Sitio de Malta de 1565: una Aproximación Histórica desde la Maltea de Hipólito Sans*. Tilde. Valencia, 2002.

*Castillo, Denis A. *The Maltese Cross: A Strategic History of Malta*. Praeger Security International, 2006.

*Conrad, Philippe. "Los Jenízaros". En *Grandes Cuerpos Militares del Pasado*. ATE. Barcelona, 1979.

*Crowley, Roger. *Empires of the Sea: The Siege of Malta, the Battle of Lepanto, and the Contest for the Center of the World*. Random House, 2009.

*D'Amato, R. *The Vagarian Guard.* Osprey. Oxford, U.K, 2008.

*De Isabel Martínez, Ricardo. *Los Almogávares*. Falcata Ibérica. Madrid, 2000.

*Diehl, C. "Bizancio, Grandeza y Decadencia". En *La Decadencia Económica de los Imperios*. Alianza Editorial. Madrid, 1999.

*Dihel, Carlos. *Grandeza y Servidumbre de Bizancio*. Espasa Calpe, Madrid 1943.

*Donado Vara, J. y Echevarría Arsuaga, A. *La Edad Media: siglos V-XII*. Ed. Universitaria Ramón Areces, UNED, Madrid, 2009.

*Ducas, M. *Historia Turco-Bizantina.* Antonio Machado. 2007.

*Eneas el Táctico. *Poliorcética.* Gredos. Madrid, 1991.

*U. Foglietta, The Sieges of Nicosia and Famagusta. London: Waterlow, 1903.

*Foglietta, U. *Los Asedios de Nicosia y Famagusta.* Waterlow. Londres, 1903.

*García-Guijarro Ramos, Luis. "Justiniano y la Romanidad Oriental en el siglo VI". En *Historia Universal de la Edad Media*. Cap. V. pp. 95-129.

*González Cremona, Juan Manuel. *El Azar y la Historia.* Planeta Barcelona 1994. pp. 47-58.

*Goodwin, J. *Los Señores del Horizonte. Una Historia del Imperio Otomano*. Alianza, Madrid, 2016.

*Heath, I. *Byzantine Armies (886-118).* Osprey. Oxford, U.K., 2010.

*Hinacik, H. *The Ottomen Empire: The Classical Age, 1300-1600.* Londres, 1973.

*Igual Ubeda, A. *Vida de Roger de Flor.* Seix Barral. Barcelona, 1952.

*Imber, C. *El Imperio Otomano. 1300-1650*. Byblos, Barcelona, 2005, pp. 40-43.

*Jenofonte. *Anábasis.* Gredos. Madrid, 2000.

*Kitsikis, Dimitri. *El Imperio Otomano*. Fondo de Cultura Económica. México,1989.

*Koslow, Jules. *Ivan el Terrible.* Ed. Selectas, Madrid, 1966.

*Lee, A.L. "The Empire at War". En *The Cambridge Companion to the Age of Justinian*. pp. 113-133. 2005.

*Lester K. *Plague and the End of Antiquity: The Pandemic of 541-750*. Little, ed. Cambridge, 2007.

*López Pita, P. *Historia del Islam Medieval.* UNED, Madrid, 2002.

*Lorente Liarte, Jesús. *Hermetización versus permeabilidad Hispano-francesa.* Tesis doctoral Cum Laude por la Facultad de Filosofía y letras de la Universidad de Zaragoza, 2012.

*Lorente, Jesús. *Los Tercios en el Mediterráneo. Sangre Española en Defensa de Occidente.* Editorial EAS, Biblioteca Hoplon. Alicante 2019.

*Maier, Franz Georg. *Bizancio.* Siglo XXI. Madrid, 1971.

*Mantran, Robert. *Historie de la Turquie.* París, 1968.

*Mármol Carvajal. *Historia de la Rebelión y Castigo de los Moriscos del Reino de Granada.* Arguval. Madrid, 2004.

*Mauricio. *Strategikon*, Libro XI. Edición de Dennis & Gamillscheg. Viena, 1981.

*Molina, Luis, "La Desmembración del Imperio Bizantino y aparición de los Mongoles". En *Historia Universal de la Edad Media.* Cap. XXVI. pp. 525-592.

*Montaña Jou, D. *Seiscientos Años de Artillería.* Seix Barral. Barcelona, 1942.

*Muñoz de San Pedro, Miguel. *Don Álvaro de Sande, Cronista del Desastre de los Gelves.* Diputación Provincial. Badajoz, 1955.

*Nicol, Donald M. *The Immortal Emperor: The Life and Legend of Constantine Palaiologos, Last Emperor of the Romans. 2002.*

*Nicolle, David. *Los Guerreros de la Cruz de Malta.* Osprey. Madrid, 2010.

*Nicolle, David. *Constantinople 1453. The end of Byzantium.* Osprey. Oxford U.K., 2008.

*Nicolle, David (1995). *The Janissaries.* London: Osprey Publishing. 2008.

*Norwich, John Julius. *Breve Historia de Bizancio.* Cátedra. Madrid, 2000.

*Ostrogorsky, Georg. *Historia del Estado Bizantino.* Akal Universitaria. Madrid, 1984.

*Phillips, J. *The Fourth Crusade and the Sack of Constantinople.* Viking. N.Y., 2004.

*Polo, Marco, *Libro de las Cosas Maravillosas.* Versión de Rodrigo Fernández de Santaella de 1518 (Sevilla) —se incorporan los comentarios de la edición de Logroño de 1529—. Facsímil de ABC, Barcelona 2004.

*Pérez J. M. *Poliorcética Española en la Edad Moderna.* Comunicación para la Cátedra Extraordinaria de la Facultad de Historia de la Universidad Complutense. Madrid, 2017.

*Queller, Donald E. *The Latin Conquest of Constantinople.* Nueva York; Londres; Sidney; Toronto: John Wiley and Sons, Inc., 1971.

*Ravegnani, Giorgio. *Soldados de Bizancio en los tiempos de Justiniano.* Signifier. Madrid, 2006.

*Ribas de Pina, Miguel. "El Sitio de Malta de 1565". En *Revista Ejército,* Nº. 18.

*Rojas, Cristóbal de. *Sumario de la Milicia Antigua y Moderna*, Ministerio de Defensa. Madrid, 2004.

*Romero, E. y Romero, I. *Breve Historia del Imperio Otomano*. Nowtilus, Madrid, 2017.

*Roth, K. *Historia del Imperio Bizantino.* Labor. Barcelona, 1925.

*Ruciman, S. *Historia de las Cruzadas.* Alianza. Madrid, 1999.

*Runciman, Steven. *La Caída de Constantinopla*. Traducción de Victorio Peral Domínguez. 1965. Espasa Calpe. Madrid, 1977.

*Saad ed Din efendi. *Relation de la prise de Constantinople par Mehemed II.* (Trad. De Garcin de Tassy) París, 1826.

*Saéz Abad, Rubén. *Artillería y Poliorcética en la Edad Media*. Almena. Madrid, 1997.

*Secondo Curione, C. A New History of the War in Malta. Tip. Leonina. Roma, 1928.

*Solano Costa, Fernando. *El Tratado de Cateau-Cambrésis (1559)* Publicaciones de la Facultad de Filosofía y Letras, de la Universidad de Zaragoza. Serie 1, Nº 37. Zaragoza 1959.

*Stephenson, Charles. *The Fortifications of Malta, 1530-1945.* Osprey. Oxford, 2003.

*Syvänne, Ilkka. "El Ejército de Justiniano". En *Desperta Ferro.* pp. 11-17. Nº 18, 2014.

*Testa, Carmel. Romegas. Midsea Book. Malta, 2002.

*Turnbull, Stephen. *The Walls of Constantinople ad 324-1453.* Osprey. Oxford, U.K. 2008.

*Tyerman, C. *Las Guerras de Dios.* Crítica. Barcelona, 2007.

*Vannier, J-F. *Les Premiers Paléologues.* Etudes Prosopographiques. París, 1989.

*Walker, Joseph M. *Historia de Bizancio*. Madrid. Edimat, 2005.

*Wettinger, G. Slavery in the Islands of Malta and Gozo. Publishers Enterprise. Malta, 2002.

*Weismann, Nahoum. *Les Janissaires; étude de l'Oganisation Militaire des Ottomans.* París, 1938.

*Young, Georges. *Constantinople.* París, 1948.

*Zurita, Jerónimo, *Anales de Aragón*. Institución Fernando el Católico. Zaragoza, Vol. IV, 1973.

* CO.DO.IN. Vol. XXIII, pg. 162.